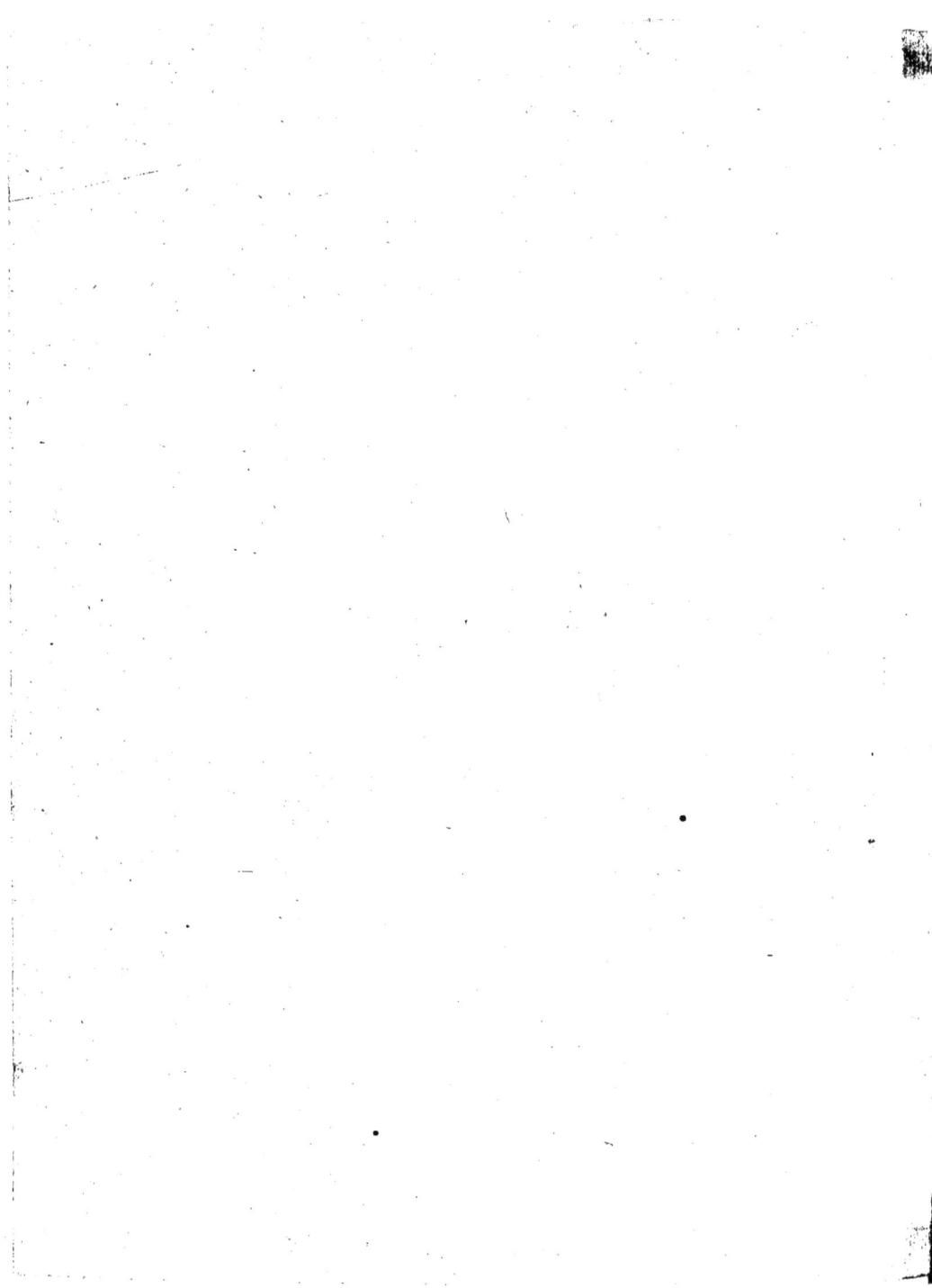

SITUATION ACTUELLE

DES FINANCES

DE LA FRANCE

ET

DE L'ANGLETERRE.

A PARIS,

Chez Briand, Libraire, Hôtel de Villiers, rue Pavée-
Saint-André-des-Arts.

1789.

SITUATION ACTUELLE
DES FINANCES
DE LA FRANCE
ET DE L'ANGLETERRE.

TABLEAU comparatif, dans lequel on expose les accroissemens progressifs du revenu public & de la dette nationale dans les deux Royaumes.

CHAPITRE PREMIER.

Exposition de ce qui fait le sujet de cet Ouvrage.

Depuis la révolution de 1066, qui asservit le peuple Anglois à la domination d'un duc de Normandie, ce peuple & le peuple François n'ont presque jamais cessé d'avoir des objets communs de jaloufie & de difcorde. Il eft vrai , que pendant près de cinq cents ans, ce furent plutôt les intérêts de leurs princes que ceux des deux nations qui fe trouverent perpétuellement en oppofition. Dans les guerres qui ont eu lieu depuis le douzieme jufqu'au feizieme fiecle, on reconnoît principalement les effets des animofités & des reffentimens perfonnels. Les avantages des nations n'entroient dans aucunes des confidérations politiques de ces tems malheureux. La bonne ou la mauvaife intelligence des chefs , l'amitié ou la haine entre les individus, décidoient de la tranquillité ou de la défolation des provinces.

Ces caufes frivoles & arbitraires ont pendant long-tems divifé les deux plus puiffans royaumes de l'Europe. Néanmoins après l'expulfion totale des Anglois du territoire de la France, fous Henri II, l'animofité des deux nations parut fufpendue. Séparées, depuis cet évenement, par des limites naturelles , il fembloit que nulles difputes de territoire ne devoient plus altérer leur bonne intelligence. D'ailleurs il arriva bientôt que des intérêts plus chers fixerent leur attention. La crainte de la puiffance Efpagnole alla même jufqu'à les réunir par intervalles , & le refte du tems, des divifions intérieures les empêcherent de fonger l'une à l'autre. Sans l'effor rapide que prirent la richeffe & le commerce de la France, fous Louis XIV, peut-être ces deux peuples n'euffent pas eu entre eux des rapports d'intérêts plus multipliés que ceux qui exiftent maintenant entre la Grande-Bretagne d'un côté , & l'Allemagne, ou l'Efpagne , ou les autres royaumes Européens de l'autre ; mais les François devançant tout-à-coup les autres peuples en induftrie comme en puiffance, les Anglois feuls fe jugerent trop grands pour l'infériorité.

La gloire qu'acquéroit cette même nation qu'ils avoient tant de fois humiliée, les anima d'un vif defir de s'en préparer une aufli durable. Des circonftances précédentes, un exercice de trente années d'efforts intérieurs, pour confolider une conflitution que d'abord ils avoient voulu détruire, les avoient préparés pour les grandes chofes. Les deux peuples s'éleverent au-deffus des autres nations de l'Europe. Ils s'appliquerent à la recherche des mêmes moyens de puiffance ; ils fe déro-berent mutuellement leurs arts & leurs manufactures ; en un mot, une émulation toujours croiffante a fait qu'il n'ont pas ceffé un inftant d'obferver leurs progrès & leurs mouvemens réciproques. Heureux fi cette émulation s'étoit bornée à la perfection des arts bienfaifans de la paix !

Elle ne s'étendit malheureufement que trop aux méthodes deftructives de la guerre. Les deux nations parurent n'avoir rien perdu de leur ancien penchant à fe nuire mutuellement : de même qu'autrefois, on les vit prendre les armes pour les plus frivoles intérêts.

Comme leurs fituations étoient changées, leur maniere de fe faire la guerre ne fut plus la même ; leur commerce & leurs colonies étendirent jufqu'aux extrémités du monde la fcene fur laquelle ils développerent leur puiffance, & la terre feule ne fut plus le théâtre de leurs fanglans débats. Le génie de l'homme, malheureux dans certaines de fes applications, avoit ouvert un nouveau champ de deftruction. Depuis les progrès de la navigation & la découverte d'un nouveau monde, les hommes connurent les moyens de s'exterminer à quatre mille lieues comme fur les côtes de leur patrie.

De tous les peuples de l'univers, les François & les Anglois furent ceux qui fe pourfuivirent avec le plus d'acharnement fur toutes les mers du globe; auffi font-ils ceux à qui la perfection de cet art deftructeur a coûté le plus d'argent.

C'eft une chofe affez probable que, dans ces tems modernes, les guerres ne font plus auffi fanglantes qu'elles étoient chez les anciens peuples; mais auffi c'eft un problème de décider fi, au total, les hommes ont beaucoup gagné à ce changement. Elles font, à ce qu'il paroît, plus longues, plus générales, & fur-tout infiniment plus difpendieufes. Les nations qui en ont eu le plus à foutenir depuis un fiecle, n'ont été ni conquifes ni détruites; mais elles font au trois-quarts ruinées. La guerre n'a plus lieu, chez aucun des peuples de l'Europe, fans qu'elle n'y occafionne en même tems un facrifice entiérement inconnu dans les anciens tems. Le citoyen, en donnant fon argent & quelquefois fon fang pour le foutien de la gloire, ou pour la défenfe de fa patrie, voit encore les dépenfes publiques anticiper chaque année fur l'aifance de fes enfans, & ceux-ci, endettés avant de naître pour des querelles ou des prétentions dont ils chercheront inutilement les fruits dans l'hiftoire de leurs peres.

Depuis la révolution de 1688, qui fit defcendre du trône le dernier roi de la maifon des Stuarts, c'eft-à-dire, depuis cent ans, l'Angleterre & la France ont été, en diverfes reprifes, pendant quarante - deux ans, dans un état de guerre ouverte. Aux cinq époques où les deux nations ont armé l'une contre l'autre, leurs adminiftrateurs n'ont jamais manqué de croire & de leur dire qu'il y alloit de leur intétêt, ou au moins de leur gloire, de fe faire la guerre; mais quel a été le réfultat d'une rivalité fi conftante & fi opiniâtre? un affoibleffement égal & mutuel, occafionné par la perte des hommes, par des dépenfes effroyables, & par des fufpenfions répétées dans les entreprifes du commerce & dans les travaux de l'induftrie. L'activité des deux peuples remédie ordinairement, dans un efpace de tems fort court, aux atteintes portées à leur commerce ou à leur population; mais quelque puiffante qu'elle foit, cette même activité ne peut leur faire retrouver auffi facilement les fommes immenfes dépenfées de part & d'autre pendant la guerre. Auffi à cet égard, les deux nations font-elles également épuifées. Toutes deux font accablées fous le poids énorme de leurs dettes. Aucune des deux ne pourroit, fans hafarder leur ruine entiere, méditer une nouvelle rupture, & donner lieu à la réproduction des mêmes efforts qu'elles ont fait toutes deux dans la derniere guerre ; c'eft ce qu'on fe propofe de leur prouver dans cet effai. S'il arrivoit qu'une illufion aveugle leur cachât leur véritable état, elles pourroient fe livrer à de nouveaux projets, & fe préparer plus certainement que jamais une fuite de défaftres. Il eft également effentiel au bonheur de toutes les deux, de prévenir l'effet des prétentions offenfantes d'une fupériorité imaginaire ou des craintes mal fondées d'une infériorité de force qui n'exifte point.

Dans les contrées foumifes à des conftitutions fixes & régulieres, la force d'une nation dépend d'une multitude de caufes différentes : du nombre des habitans ; de l'étendue & de la fertilité du territoire ; de la pofition du pays, ouvert ou défendu par des barrieres naturelles ; de l'induftrie intérieure, appliquée à l'agriculture & aux arts ; du nombre des manufactures ; du rapport entre les valeurs de l'importation & de l'exportation ; de la fomme des capitaux mis en activité ; de la quantité, en efpeces ou en papier de numéraire propre aux échanges ; de la dette nationale ; de la dépenfe & du revenu de l'etat ; enfin du réfultat de leur balance ou du crédit public. Prendre en confidération chacune de ces caufes en particulier, l'adopter pour le but de fes recherches, comme un fujet vraiment digne d'être approfondi & intéreffant pour le genre humain, c'eft traiter, avec une attention qui ne peut jamais aller trop loin, les diverfes branches de la queftion générale de la force d'une nation. Mais une entreprife auffi grande furpaffe peut-être les forces d'un feul homme. Probablement la lumiere entiere, dans cette matiere importante, ne pourra fe produire que par le concours des travaux & des efforts d'un grand nombre d'hommes d'état & de fcrupuleux calculateurs.

Mais s'il eft difficile de raffembler toutes les connoiffances néceffaires pour déterminer la totalité des effets que l'on peut attendre, pour l'inftant & pour l'avenir, de la puiffance d'une nation, ainfi que l'étendue des reffources dont elle poffède en elle-même le germe & le fonds, il eft au moins une méthode affez fimple & affez certaine de calculer l'action qu'elle eft en état de développer à un tems donné dans l'attaque ou dans la défenfe. Comme dans la maniere actuelle de faire la guerre, c'eft l'argent feul qui procure la fupériorité, toute autre confidération, morale ou phyfique, peut, pour ainfi dire, être mife de côté pour traiter de la puiffance du moment. Il ne s'agit que d'apprécier la quantité de millions dont une nation peut difpofer à cet inftant. Qu'elle en ait, plus que toute autre, à perdre ; elle eft inftantanément plus forte que toute autre.

Mais les contributions & les emprunts font les deux feules voies par lefquelles un état peut fe procurer de l'argent,

En

En Portugal feulement, le gouvernement tire une partie de fon revenu de fes mines du Brézil. Les Efpagnols poffedent auffi celles du Mexique & du Potofi ; mais leurs produits appartiennent aux particuliers qui les font exploiter : une portion feulement des tréfors, extraits du fein de la terre, appartient au prince à titre d'impôt ; c'eft un impôt, levé en nature, dont la fubftance n'a befoin que d'être divifée & de recevoir l'empreinte d'un caractere public pour faire partie du numéraire.

Dès qu'il s'agit d'une guerre, la voie des contributions eft infuffifante pour fe procurer les fommes immenfes, néceffaires aux fervices de terre & de mer. Une nation fe trouve heureufe quand feulement elle peut fupporter l'addition de nouvelles taxes, dont le produit égale l'intérêt des fommes extraordinaires qu'il lui faut confacrer à ces deux fervices. Quand cela eft, vu l'immenfité des capitaux accumulés par l'économie des particuliers de tous les pays, qui ne demandent que de nouvelles occafions de les faire fruétifier, cette nation fe procure chaque année, par la voie de l'emprunt, autant de centaines de millions qu'elle en a befoin ; elle attire même l'or & l'argent du territoire ennemi, fi fes propofitions paroiffent plus avantageufes & plus fûres que celles de la nation adverfe.

Cette confidération mene directement à la connoiffance d'un principe de la légiflation économique, dont les adminiftrateurs des nations ont toujours fenti l'évidence, mais que fouvent des circonftances difficiles leur ont fait violer : c'eft que pour conferver à une nation la réputation de fa force, il eft important de la maintenir toujours dans un tel état d'aifance & de richeffe que fon revenu puiffe, au befoin,

B

s'accroître dans les circonſtances toujours funeſtes qui rendent la priſe des armes d'une néceſſité indiſpenſable. Cette poſition heureuſe feroit celle de la France & de l'Angleterre , ſi , dans les deux pays, le miniſtere public s'étoit montré anciennement plus circonſpeᏅ à courir les haſards de la guerre ; & s'il avoit ſacrifié à un juſte amour de la paix quelques projets futiles & momentanés d'humilier le peuple que l'on ne ceſſoit de regarder comme ennemi. Mais chacune des deux nations à moins cherché à proſpérer elle-même que jalouſé la proſpérité de ſa rivale. Des diſpoſitions conſtantes à ſe nuire ne pouvoient produire autre choſe que des ruptures multipliées & funeſtes ; & ſi les autres peuples de l'Europe , qui, dans le ſein d'une heureuſe paix , ſont reſtés tranquilles ſpeᏅateurs de ces débats opiniâtres , avoient eu, il y a ſoixante ans, une puiſſance égale à celle du peuple Anglois ou du peuple François , ils leur feroient aᏅuellement bien ſupérieurs en force, & ces deux ci , en ſe diſputant réciproquement des avantages chimériques , n'auroient opéré que leur humiliation commune.

Nous avons déjà avancé qu'ils ſont abſolument réduits au même état d'épuiſement. Néanmoins , au premier apperçu , il ſemble que les finances de la France ſont , à l'inſtant préſent , dans un véritable déſordre , comparées avec celles de l'Angleterre ; mais la ſuite de ces recherches prouvera évidemment que dans ce dernier pays l'ordre n'exiſte que parce qu'on s'y eſt réſolu promptement , & au moment qu'ils ont paru néceſſaires , à des ſacrifices que l'on recule en France autant que l'on peut, par leſquels il faudra finir, & qui ſeront au reſte bien inférieurs à la ſomme de ceux que la Grande-Bretagne a arrêtés ſucceſſivement pour éviter le vuide dans ſes finances.

La grandeur de ces facrifices paroîtra toute entiere, quand on aura lu feulement le chapitre fuivant, qui traite de l'accroiffement du revenu public dans les deux royaumes. Il faudra fe fouvenir au refte que l'Angleterre eft une puiffance maritime feulement. En temps de guerre, fes troupes de terre ne font point à comparer en nombre avec celles de la France. En temps de paix, la dépenfe du fervice de terre anglois eft moindre que la moitié de celle du fervice de terre françois. Dans toutes les guerres qui ont eu lieu depuis cent cinquante ans, à l'exception de la derniere, la France eut à la fois à défendre fes côtes & fes colonies par fes vaiffeaux, & fes frontieres par fes armées. L'on fait, que, fi de nos jours il faut des fonds immenfes pour créer & entretenir une marine, la dépenfe des guerres de terre n'eft pas devenue moins exceffive. L'immenfité de l'artillerie & de la cavalerie, la grandeur des armées, la longueur des campagnes, les approvifionnemens des fiéges, les marches rapides d'une frontiere à l'autre coûtent des fommes effrayantes. Dès qu'un pays devient le théatre de la guerre, on y voit affluer l'or, l'argent, les vivres, le luxe même des capitales & des provinces. Toute la richeffe de deux grands états femble fe concentrer en un feul point pour s'y diffiper & ne laiffer après elle que des traces de deftruction. Voilà ce qui arrive en France & ce qui ne fe voit point en Angleterre. Quand donc à ces confidérations on aura ajouté celles qui naiffent naturellement de l'élévation rapide du revenu de l'état dans l'un des deux pays, & de la marche graduée & uniforme de l'impôt dans l'autre, on fentira dans lequel des deux les finances ont été adminiftrées avec plus de ménagement & d'économie; on verra lequel des deux gouvernemens s'eft montré le plus circonfpect à rendre fa protection , moins difpendieufe aux peuples , & le plus attentif à foutenir leurs droits avec moins de facrifices d'argent.

En mettant en oppofition les revenus & les dettes des deux pays, il faudra encore fe rappeller que l'Angleterre & l'Ecoffe enfemble ne contiennent guere plus de neuf millions d'habitans ; que la France feule en a beaucoup plus que le double, & qu'il en eft refpectivement du territoire à peu-près comme de la population. Pour que le même rapport exiftât entre les autres principes de la richeffe , il faudroit que la France eût au moins deux fois plus de capitaux que l'Angleterre à confacrer à l'agriculture, à l'induftrie & au commerce. Cela n'eft peut être pas : mais fans en avoir le double , il eft conftant qu'elle en a beaucoup plus. On fait que le numéraire en efpeces eft au moins trois fois plus confidérable dans un pays que dans l'autre ; on fait auffi que le dernier poffede en papier un autre numéraire , immenfe, mais dont la valeur eft précaire : ce numéraire factice ne vaudra le numéraire en efpeces, qu'autant de tems que ce pays fera riche. S'il arrivoit un jour , par l'accroiffement trop rapide de la dette publique , qu'il ne fût plus poffible dans la Grande-Bretagne d'élever le revenu comme la dépenfe de l'état, toute la fiction difparoîtroit ; il ne refteroit tout-à-coup qu'une mifere réelle à la place d'une richeffe qui ne dépendoit abfolument que de l'opinion.

CHAPITRE II.

De l'accroiſſement du revenu public dans les deux Royaumes.

LE continuateur de l'ouvrage de lord Clarendon nous apprend qu'en 1600, l'avant-derniere année du regne de la très-grande reine Éliſabeth , le revenu ordinaire de l'Angleterre étoit à-peu-près de quatorze millions de France , monnoie actuelle. Lord Salisbury a calculé que la ſomme des ſubſides extraordinaires, accordés à cette reine par le parlement dans les quarante-cinq années qu'elle fit la gloire & le bonheur de la nation Angloiſe, ne monta qu'à ſoixante-cinq millions tournois. M. Hume, dans ſon Hiſtoire d'Angleterre, dit qu'en portant cette ſomme à ſoixante-dix millions, on s'éloigneroit fort peu de la vérité. Ce fut avec ces foibles moyens pécuniares que cette reine fut humilier l'orgueil Eſpagnol, & ſoutenir Henri IV & les Hollandois contre toute la puiſſance du maître du Mexique & du Pérou : l'économie fut une de ſes principales vertus politiques.

Nous apprenons de M. Burgh , dans ſon livre très-eſtimé , qui a pour titre, *Political diſquiſitions*, qu'en 1633 , huitieme année du regne de l'infortuné Charles I, ſon revenu ordinaire ne paſſoit pas dix-huit millions cinq cents quarante mille livres tournois d'aujourd'hui. C'eſt la modicité de ce revenu , véritablement au-deſſous des beſoins indiſpenſables du tems, qui fit que ce prince , jaloux de ſoutenir l'honneur de ſa couronne , importuna les communes de demandes multipliées & toujours infructueuſes. Il eſſaya enſuite d'obtenir de l'argent fans leur fecours : fes efforts furent vains ; il fut obligé de revenir à elles. Des hommes ambitieux repréfenterent à la nation fon entreprife comme un attentat énorme, & bou-leverferent l'état : leur fupériorité de talens & d'adreffe fit triompher leur parti & accabla un roi, digne à tous égards, d'un meilleur fort.

Ce n'eft pas dans cette occafion feulement que de grands talens, dans ceux qui ont eu chez les divers peuples du monde une partie de la puiffance publique, ont fait le malheur de leur nation. Quand des adminiftrateurs ont plus de talent que de vertu, quand l'ambition eft la feule regle de leurs actions, quand ils ne confultent que leurs propres avantages & perdent de vue le bien public, il y a toujours une très-grande & très-malheureufe probabilité que leur mérite & leurs con-noiffances politiques feront plus funeftes que profitables aux peuples qui leur font confiés.

En 1660, fous Charles II, le revenu étoit augmenté & montoit à vingt-huit millions tournois, ou à-peu-près. En 1688, l'année de la révolution (Chalmers's eftimates), il étoit d'environ quarante-huit millions. C'eft à cette époque que l'Angleterre redevint l'ennemie de la France.

Dès 1701, premiere année du gouvernement de la reine Anne, le revenu avoit déjà cru rapidement jufqu'à la fomme de quatre-vingt-fept millions (Chalmers's eftimates). Quelque confidérables que fût alors ce revenu, les circonftances le rendirent bien infuffifant. La fucceffion à la couronne d'Ef-pagne donna lieu à la guerre la plus terrible que l'Angleterre eût encore foutenue. Elle crut qu'il étoit de fa grandeur de réunir & de foudoyer tous les princes de l'Europe pour mettre des bornes à la puiffance toujours croiffante de la maifon, de Bourbon. C'eft l'argent des Anglois qui, dans la guerre de 1701, valut à la maifon d'Autriche la poffeffion des Pays-bas : Peut-être ce furent encore eux qui lui en affurerent la confervation dans la guerre de 1741.

En 1751, la vingt-cinquieme année du regne de Georges II, le revenu de la nation Britannique paffoit cent trente-huit millions. Depuis cette époque, elle a foutenu deux guerres terribles, celle de 1755, & celle occafionnée par la révolte de fes colonies. La premiere des deux lui a coûté le facrifice de huit cents cinquante millions par-delà la dépenfe de fon revenu ; c'eft-à-dire, qu'elle a contracté à fon occafion des engagemens dont le mont ant en capitaux forme cette fomme; & le defir de fatisfaire ponctuellement à fes paiemens annuels, lui a fait élever, dans l'efpace de quatorze ans, fon revenu ordinaire de cent trente-huit à deux cents trente-neuf millions. C'eft à quoi il fe montoit en 1765 ; cette année & la précédente, le parlement Britannique calcula largement qu'elles étoient les fommes annuelles néceffaires à l'acquittement des intérêts de la dette nationale, aux dépenfes de la paix & à une certaine quotité de rembourfemens périodiques. Des taxes nouvelles furent impofées de maniere à mettre un équilibre ftable & permanent entre cette appréciation & le revenu ordinaire. Ce calcul s'eft trouvé auffi jufte qu'il étoit naturel & approprié aux circonftances. Il arriva feulement une chofe qui prouve combien il eft difficile de fixer d'une maniere fûre le montant de la dépenfe ordinaire d'une année de paix dans un grand état. La partie du revenu, deftinée à la libération fucceffive de la dette pubilque, fut fouvent détournée de l'emploi pour lequel elle avoit été inftituée. De nouvelles conftructions de vaiffeaux, des établiffemens publics utiles, de fages dépenfes pour la protection & l'encouragement des manufactures, du commerce & des arts, furent jugés plus profitables à la nation que des rembourfemens à des créanciers fans inquiétudes, comme fans droits réels, pour remander leurs fonds. Au moyen de ce fupplément de reffources, trouvées en lui-même, le revenu ordinaire fut fuffifant jufqu'en 1775. Il étoit encore de deux cents trente-neuf millions au moment où le fang commença à couler en Amérique.

Les détails fuivans vont mettre en évidence l'accroiffement énorme qu'il a reçu depuis, dans un petit nombre d'années. Cependant à cette époque, la nation Angloife fembloit déjà furchargée par-delà fes forces. Elle étoit déjà le royaume de l'Europe où le produit de l'impôt étoit le plus confidérable, toute proportion gardée relativement à la population, à l'étendue du territoire, & à la quantité du numéraire. Les plaintes particulieres, les déclamations dans le parti de l'oppofition au fein du parlement, les pamphlets fur l'oppreffion générale des peuples & fur la décadence des affaires publiques, étoient auffi multipliés qu'ils l'avoient jamais été & qu'ils le feront toujours. Mais ne peut-on pas dire avec un auteur Anglois (1), qui, dans ces derniers tems, n'a j'amais défefpéré des affaires publiques de fa nation, au milieu de leur plus grande crife :
« L'habitude favorite de l'homme eft d'exalter les avantages
» du paffé & d'exagérer la mifere du tems préfent. On a
» parlé de décadence & de ruine dans les fiecles les plus prof-
» peres; ne fommes nous point encore au tems où une faine
» philofophie, triomphant d'une foule de préoccupations

_____

(1) M. Chalmers.

ridicules

» ridicules , doit rendre les nations moins fujettes aux
» accès périodiques de crainte & de découragement qui les
» ont fi fouvent troublées? Verra-t on toujours des opinions
» défolantes, dénuées de fondement, fe fubftituer à la place
» de la vérité, & les peuples fe livrer à la profonde impref-
» fion d'une détreffe imaginaire? »

Dix ou douze mois après la paix derniere, la défolation
étoit générale à Londres : le commerçant craignoit des contre-
coups funeftes pour fes entreprifes, dans une convulfion
générale qu'on croyoit inévitable. C'eft dans la plus vive
chaleur de cette allarme univerfelle que M. Pitt fut placé à
la tête des finances. Il apperçut bientôt le feul remede qui fe
préfentoit à un mal dont les dépenfes énormes de la guerre
avoient été l'unique fource. Dans ce moment de crife, la
queftion n'étoit plus de favoir, fi par une conduite toute
différente de celle qu'il avoit tenue, le miniftere précédent
auroit pu éviter une guerre dont il n'étoit réfulté que des
malheurs fi réels. Une plaie profonde exiftoit; il falloit la
guérir. Liquider tous les comptes, amener le parlement à
décider l'augmentation du revenu par de nouvelles taxes,
en un mot élever la recette au niveau de la dépenfe jugée
néceffaire pour une année ordinaire de paix, voilà quel fut
le plan du nouveau miniftre, comme avoit été celui de
fes prédéceffeurs en pareil cas. La feule différence à remarquer, c'eft qu'il lui fallut fans doute plus de réfolution qu'ils
n'en auroient eu peut-être dans fa pofition, pour ofer propofer
fans détour de pareils moyens à une nation qui, depuis fept
ans, payoit déjà au moins quatre-vingt-deux millions de plus
annuellement qu'elle ne payoit auparavant. Les communes
virent la fageffe de fes difpofitions & les adopterent. En 1786,

C

M. Pitt recueillit le prix de son courage : il se vit alors en état de présenter à la même chambre des communes des tableaux satisfaisans de recette & de dépense. Le 7 mars, elle nomma neuf commissaires pour examiner ses comptes. Ils ont eu, comme ont en Angleterre tous les comptes publics, cette notoriété qui dévoile au moindre des citoyens l'état réel des finances nationales.

Avant de puiser dans cette source authentique d'information, il ne sera peut-être pas inutile, pour des lecteurs françois, de poser préliminairement quelques observations sur la nature du revenu de l'Angleterre & sur les différentes especes de taxes qui le constituent.

Les taxes angloises se divisent en deux grandes classes : les unes sont imposées à perpétuité & forment ce qu'on appelle *le revenu établi* ; les autres ne sont imposées que pour l'année & forment ce qu'on appelle *les subsides annuels*.

Le produit des premieres est affecté 1°. au payement des interêts de la dette nationale; 2°. aux charges de la liste civile, dont la somme annuelle se fixe au commencement de chaque regne ; 3°. à un certain fonds d'amortissemens. Les parties composantes de ce *revenu établi* sont les droits de douane qui se levent sur l'importation & sur l'exportation, les droits de l'excise, excepté ceux sur la dreche; & divers droits levés dans l'intérieur du royaume, comme la capitation, les taxes sur les cartes, sur les cuirs, sur les fenêtres, sur les domestiques, sur les boutiques & une infinité d'autres.

Les subsides annuels sont consacrés aux dépenses nécessaires pour l'entretien de l'armée & de la flotte, pour l'artillerie, les fortifications ; en un mot pour tous les objets qui ont rapport aux services de terre & de mer. Cette seconde classe de taxes comprend la taxe fur les terres, celle fur la dreche, & quelques autres moins confidérables. Chaque année un bill du parlement renouvelle ces taxes, toujours réimpofées pour la durée feulement d'une année. C'eft la banque qui avance au gouvernement l'argent de leurs produits, auffi-tôt que le bill eft annoncé. Elle fe charge du recouvrement, qui fe fait enfuite avec tout le tems qui eft néceffaire.

L'excife répond en Angleterre à ce qu'on appelle en France droits d'aides & de gabelles. C'eft un droit qui fe leve fur le fel & fur toutes les liqueurs fermentées d'ufage dans le pays. Celles qui s'y font, font le cidre, & les diverfes efpeces de bierre, connues fous les dénominations de *porter*, d'*ale* & de *fmall beer*. On jugera de l'ufage immenfe de la bierre en Angleterre quand on faura que la confommation de l'orge y furpaffe annuellement celle du froment de fix cent mille quarters (1). Le quarter eft une mefure qui vaut vingt & un boiffeaux & demi de Paris.

Si nous en croyons les écrivains politiques Anglois, les frais de recouvremens font moins confidérables en Angleterre que par-tout ailleurs : ils font, dit M. Young, d'un & demi pour cent pour la taxe fur les terres ; de cinq & demi pour cent pour l'excife & la taxe fur la dreche, & enfin de quinze pour cent pour les droits de douane.

En France, fuivant M. Necker, les frais de recouvremens font de fix pour cent pour les recettes générales, de treize &

_____

(1) Voyez l'effai fur l'état préfent de l'agriculture des ifles Britanniques qui fe trouve à la fuite de la traduction de l'arithmétique politique de M. Young, par M. de Fréville.

demi pour cent pour les fermes, de feize & deux tiers pour cent pour les aides, &c.

Les fommes qui entrent dans l'échiquier ou le tréfor royal font les produits nets des impôts, déduction faite de tous frais de perceptions & de recouvremens, comme auffi déduction faite des gratifications ou primes accordées par le gouvernement pour l'exportation des grains & de diverfes productions & marchandifes nationales, pour l'encouragement de la pêche du hareng & de la baleine, &c. Ces primes (1), de même que les draw-backs, fe paient fur les produits des douanes & de l'excife, avant leur arrivée dans l'échiquier. Quand on compare le revenu de la France avec celui de l'Angleterre, il faut donc commencer par déduire du premier les frais de recouvremens & de régie au compte du roi, les traitemens & taxations des receveurs généraux & particuliers & des collecteurs des impofitions, la fomme des remifes faites fur ces impofitions aux différentes

_____

(1) Les draw-backs, en Angleterre, font de deux efpeces. Quand une marchandife du pays, qui a payé certains droits d'excife, eft exportée l'étranger, fouvent on fait remife de ces droits ou d'une partie de ces droits au négociant qui l'exporte.

Quand certaines marchandifes étrangères ont été importées pour être enfuite exportées, on fait à leur fortie du royaume la remife de la totalité ou d'une partie des droits qu'elles avoient payés à leur entrée : ces deux efpeces de remifes fe nomment *draw-backs*.

Les draw-backs, & les gratifications qu'on nomme *bounties*, tendent a encourager l'exportation; mais elles ne laiffent pas de pefer confidérablement fur le revenu public. En 1775, le produit total de l'excife fut de 127,631,863 livres tournois. Les draw-backs & les gratifications payés fur ce produit formerent la fomme de 5,301,379 livres tournois; les frais de perceptions fe monterent à 7,015,749

provinces, qu'on peut regarder comme fomme ordinaire pour chaque année, & enfin les primes accordées pour les tranfports de morues dans nos colonies & dans les ports étrangers, pour le commerce du nord, la traite des noirs, &c. Cette réduction préliminaire eft indifpenfable pour mettre en oppofition les deux revenus dans deux états homogènes.

Après ces détails préliminaires, nous pouvons revenir aux comptes du miniftre des finances de la Grande-Bretagne, préfentés en 1786 à la chambre des Communes & revus par les commiffaires qu'elle nomma à cet effet. Voici le relevé d'un article de leur rapport qui regarde la recette de l'année 1785.

Sommes entrées dans l'échiquier depuis le 5 janvier 1785 jufqu'au 5 janvier 1786, produites par l'excife, les douanes, & différens

---

livres, & la fomme nette que l'excife produifit à l'échiquier fut réduite à 115,310,735 livres. Dans la même année, le produit total des douanes fut de 117,450,899 livres, fur lefquelles il fut payé en gratifications. . . . . 3,888,765 livres.

En draw-backs. 49,983,840
En frais de perception. . . . 6,672,082

Total. . . . . . . 60,544,687 livres.

de forte que la fomme nette produite à l'échiquier par les douanes, fut réduite à 56,906,212 livres. On voit donc de quelle importance font en Angleterrre les draw-backs & les gratifications pour l'exportation, puifqu'en 1775, ces deux articles formerent un objet de 59,173,984 livres tournois. Voyez ce que dit, fur ces matieres M. Smith, dans fes recherches fur les caufes de la richeffe des nations.

livres sterling ;

droits levés dans l'intérieur du royaume , &
établis antérieurement à 1784 12,042,697

Produits de diverses taxes établies dans le
cours des deux années précédentes . . . 754,768

Dito , de la taxe sur les terres . . . 2,000,000

Dito , de la taxe sur la dreche . . . 600,000

Total du revenu , suivant l'état qui en fut
dressé en 1786 par les commissaires . . . 15,397,465

En 1786 , on établit quelques nouvelles
taxes peu considérables , dont le produit fut
évalué à 100,000

On fit aussi une loterie dont le produit fut . 188,750

La taxe sur la dreche produisit en sus de l'évaluation à 600,000 livres sterling , faite par les
commissaires , une somme de 150,000

Total du revenu réel ordinaire de la Grande-
Bretagne , d'après l'année 1786 15,836,215

Cette somme , à raison de 23 liv. 3 s. 6 d. tournois par livre
sterling , (valeur que l'on peut adopter d'après les cours les
plus ordinaires du change) fait à-peu-près trois cents soixante
& sept millions de France.

Nous avons vu précédemment qu'en 1775 , le revenu public de la Grande-Bretagne étoit de deux cents trente-neuf millions: de 1775 à 1786 , il a donc éprouvé une élévation de cent
vingt-huit millions. Telle est la somme d'impôts nouveaux dont
le peuple Anglois , dans l'espace de dix ou onze années , a vu
croître le fardeau déjà immense de ses contributions.

Préfentons au lecteur un tableau raccourci de la marche progreffive de l'impôt en Angleterre, tableau qui ne fera qu'une efpece de réfumé de tout ce qui précede.

Le revenu ordinaire y étoit :

En 1600 de . . . . :	14,000,000 tournois.
En 1633 de . . . . :	18,540,000
En 1660 de . : : ?	28,000,000
En 1688 de . . : ?	48,000,000
En 1701 de . . : .	87,000,000
En 1751 de	138,000,000
En 1765 de	239,000,000
En 1786 de	367,000,000

Ce tableau apprend que le revenu Anglois eft actuellement vingt-fix fois plus grand qu'il n'étoit en 1600, fous la reine Elifabeth, & ce qui eft plus étonnant encore, depuis 1751 jufqu'en 1786, c'eft-à-dire en trente-cinq années, on voit qu'il a prefque triplé; ou fi l'on veut une expreffion précife, il eft actuellement égal à ce qu'il étoit en 1751, multiplié par deux & foixante & fix centiemes.

Il feroit difficile de faire une hiftoire auffi fuivie & auffi fûre du revenu de la France. Depuis plufieurs fiecles les comptes des finances Angloifes ont été expofés aux regards de la nation la plus jaloufe d'être toujours inftruite du véritable état de fes affaires. En Angleterre, cette publicité eft comman- dée par la conftitution, mais dans les autres pays elle n'eft que confeillée par l'intérêt public, & cet intérêt public eft fouvent méconnu. Ce ne fut qu'en 1781 que la France a fait ufage pour la premiere fois d'une méthode qui feule peut faire naître & affurer le vrai crédit d'un état. Un voile ténébreux,

jetté conftamment fur les opérations de finance , ne peut jamais fervir qu'à les décréditer. Le myftere n'eft-il point l'indice
trop ordinaire de la gêne & de l'embarras , & vit-on jamais
un capitalifte porter fes fonds à une caiffe dont il ignore abfolument l'état , fans hauffer fa demande en intérêts , à proportion de l'incertitude de fes calculs ?

On fait feulement en France que , fous François I , l'état
n'avoit de revenu qu'environ feize millions , à vingt-fix livres
le marc, qui feroient à peu près trente & un millions d'aujour-
d'hui. Sous Louis XIII , le revenu public françois étoit déjà bien
riche, fi on le compare à celui de l'Angleterre dans le même
tems. Le fils du Grand Henri levoit annuellement fur fes peuples ou percevoit de fes domaines quarante-cinq millions,
auffi à vingt-fix livres le marc , ou plus de quatre-vingt-fix
millions d'aujourd'hui. Louis XIV , fous l'adminiftration de
Colbert, jouiffoit d'un revenu de cent dix-fept millions , à
vingt-huit livres le marc , qui feroient actuellement à peu près
deux cents huit millions. La graduation fuivant laquelle le produit des contributions françoifes s'eft élevé, a toujours été
lente & uniforme. C'eft une raifon de penfer que fi le choix
des impofitions avoit été auffi fage & leur répartition auffi
jufte & auffi uniforme en France qu'en Angleterre , les peuples y
auroient été moins foulés. Les François n'ont point vu réfulter
des opérations de leur gouvernement ce qui s'eft vu dans la
Grande-Bretagne , où l'on a pu remarquer dans la marche de
l'impôt trois fauts énormes & rapides. Le premier fe fit de 1688
à 1701 ; il fut de 39 millions. Le fecond fe fit de 1751 à 1765 ;
il fut de 101 millions. Le troifieme enfin eut lieu de 1775 à
1786. On a vu qu'il fut de 128 millions.

Un mémoire fur les finances de la France, dreffé en 1758 (1) par M. de Boullongne, contrôleur général, homme eftimé dans fon tems par fes connoiffances dans cette partie de l'adminiftration, nous donne quelques lumieres fur le revenu de la France à cette époque.

M. de Boullongne divife le revenu en trois parties.

La premiere comprend les revenus libres ordinaires du roi, & fe monte à 236 millions.

La feconde comprend des revenus du roi deftinés pour un tems à l'acquittement de certains engagemens. Elle forme une fomme de 37 millions cent mille livres.

La troifieme comprend des revenus du roi, deftinés à perpétuité à certains objets, ou aliénés à perpétuité à des établiffemens publics, comme les Invalides, Saint-Cyr, l'Ecole Militaire, les dépenfes des hôtels de ville & de la police dans différentes villes du royaume, les gages des cours fouveraines & royales, &c. Cette troifieme partie fe monte à 65 millions cinq cent mille livres ; mais il y en a bien trente-cinq qui font rentrés, & que l'on comprend actuellement dans le revenu du roi.

Il réfulte de ce mémoire de M. de Boullongne, qu'à compter, comme on fait aujourd'hui, le revenu du roi fe montoit en 1758 à environ trois cents huit millions.

Suivant un état fommaire des revenus de l'état pour 1776,

_____

(1) Ce mémoire & l'état fommaire de M. de Turget, dont il fera parlé ci-après, fe trouvent dans la collection des comptes rendus, pieces authentiques, états & tableaux concernant les finances de la France depuis 1756 jufqu'en 1787.

D

dreſſé par M. Turgot , ils ſe montoient alors à trois cents ſoixante & dix-ſept millions cinq cents quarante-deux mille vingt-
ſept livres.

En ſommant tous les articles de la recette ordinaire du
compte rendu au roi par M. Necker en 1781 , cette recette ſe
monte à quatre cents vingt ſept millions cinq cents trente mille
cinq cents ſoixante & une livres.

Enfin , ſuivant le compte du gouvernement , publié au mois
de mars dernier , par les ordres de Sa Majeſté , la recette ordinaire de l'état ſe monte à quatre cents ſoixante & douze millions quatre cents quinze mille cinq cents quarante-neuf livres.

On peut , à l'aide de ce qui précede , dreſſer un tableau des
revenus ſucceſſifs de la France , ana'ogue à celui qui a été
dreſſé pour l'Angleterre. Mais on eſt forcé de convenir que ,
vu l'ancienne conduite myſtérieuſe des adminiſtrateurs François , ce ſecond tableau , à ſes deux ou trois derniers articles
près , n'aura pas le même degré de préciſion & de certitude
que le premier.

Le revenu de la France étoit donc

Vers 1550 de	. . .	31,000,000 livres.
Vers 1646 de	. . .	87,000,000
Vers 1680 de	. . .	208,000,000
En 1758 de	. . .	308,000,000
En 1776 de	. . .	377,542,027
En 1781 de	. . .	427,530,561
Et enfin en 1788 de	. . .	472,415,549.

On voit que de 1680 à 1788 , en 108 années , le revenu de
la France a crû de 264 millions.

En Angleterre , depuis 1751 juſqu'à ce moment , c'eſt-à-
dire en 37 ans , le revenu public a crû de 229 millions.

Malgré la supériorité de richesses & de puissance que la France, vers 1688, avoit sur l'Angleterre, il est évident que le peuple François étoit dans ce tems-là beaucoup plus chargé proportionnellement que le peuple Anglois. Les choses ont bien changé depuis. L'expérience a prouvé que les mêmes passions peuvent égarer un peuple entier comme un individu. L'ambition & un système erroné de grandeur avoient fait prodiguer à Louis XIV les trésors de la France pour se conserver le stérile honneur de passer pour le premier potentat de l'univers. Cette même ambition & cette fausse idée de grandeur, appliquées à un objet différent, à un despotisme de navigation & de commerce, ont, dans le siecle suivant, coûté aux Anglois plus d'or qu'il ne s'en trouve actuellement dans toute l'Europe. De vains efforts, répétés dans plusieurs guerres successives, pour s'arroger & pour conserver la souveraineté des mers, leur ont enfin occasionné une charge d'impositions annuelles de 367 millions. Il est vrai que seuls, contre plusieurs puissances maritimes, réunies pour venger d'anciens outrages, ils se sont couverts de gloire en balançant les succès; mais leur but réel n'est pas moins manqué. Ils vouloient être, non pas aussi forts, mais plus forts que tous les autres. Ils se trouvent restreints à une simple concurrence, tandis qu'ils prétendoient à la domination.

Dans l'espace d'un siecle, la somme des taxes Britanniques s'est donc élevé de 48 à 367 millions; c'est-à-dire a crû dans le rapport de 1 à $7\frac{1}{4}$. Dans le même siecle, le produit des contributions Françoises s'est élevé de 208 à 472 millions, c'est-à-dire a crû seulement dans le rapport de 1 à $2\frac{1}{4}$.

Ou bien encore, la charge du peuple est devenue huit fois

plus grande en Angleterre , tandis qu'elle a feulement un peu plus que doublé en France.

Mais confidérons la différence de cet accroiffement de charge pour les deux pays , depuis une époque beaucoup moins éloignée , dans des tems plus proches de nous , & qui par conféquent nous touchent & nous intéreffent beaucoup davantage.

L'état fommaire des revenus ordinaires de la France en 1776 , dreffé par M. Turgot , porte ce revenu à près de 378 millions. Mais on fait que le produit des loteries & des meffageries n'étoient pas alors au compte du roi. Cependant, comme on peut affurer que ces deux objets faifoient bien dès-lors pour le peuple une charge de 7 millions , quoique l'état n'en profitoit point , le peuple étoit auffi grevé que fi le revenu public eût été de 385 millions , en profitant des loteries & des meffageries.

Suivant le compte du gouvernement , publié au commencement de Mars 1788 , le revenu ordinaire de Sa Majefté eft de 472 millions. Il convient de faire auffi fur ce revenu diverfes obfervations qui vont l'abaiffer fenfiblement.

1°. Le roi accorde (page 5 du compte de 1788) aux fermiers généraux une indemnité pour francs-falés & vins des privilégiés , laquelle fe monte à 643,984 livres.

2°. Le roi leur accorde cinq autres indemnités énoncées p. 7 dumême compte , lefquelles indemnités montent enfemble à la fomme de 2,784,500 livres. Au nombre de ces indemnités eft celle de 1,200,000 livres qui fubfiftera annuellement jufqu'à la parfaite clôture de Paris.

3°. Les deux millions d'excédent éventuel fur les objets

régis par les fermiers généraux font annoncé comme très-incertains & déduits même du revenu net.

4°. Au temps de M. Turgot, la ferme générale étoit une véritable ferme dont le bail comprenoit même prefque tous les objets de la régie générale & plufieurs de l'adminiftration des domaines. Les fermiers payoient alors tous les frais de régie & donnoient annuellement au roi une fomme nette pour tous ces objets. Actuellement ces mêmes objets font véritablement régis au compte du roi. Pour mettre donc le revenu actuel en état d'être comparé avec le revenu du tems de M. Turgot, il faut retrancher du premier tous les frais de régie au compte du roi pour tous les objets qui compofoient, il y a douze ans, les fermes générales. Tous ces frais de regie peuvent s'évaluer à la fomme de 5,440,000.

5°. Dans le revenu ordinaire de 1788, eft compris un article de 1,600,000 liv. d'intérêts payés par les Etats-Unis de l'Amérique, qui ne font point une fomme levée fur le peuple françois, & ne doivent point être mis au nombre de ces charges.

Ces cinq réductions à faire fur le revenu actuel montent enfemble à la fomme de 12,468,484 livres. Retranchant donc douze millions de quatre cents foixante-douze, refteront quatre cent foixante millions pour repréfenter la charge actuelle du peuple, en comptant comme en 1776. Il faut obferver que dans le revenu de 1788, ni dans celui de 1776, le don graduit du clergé n'eft point compris, & qu'ainfi, à cet égard, il y a encore comparabilité entre les deux revenus. On peut donc établir cette balance.

Charge du peuple en 1788, après les réductions néceffaires pour oppofer l'une à l'autre les deux années 1776 & 1788. . . . .   460 millions.

Somme qu'on peut regarder comme la
charge du peuple en 1776 . . . . 385 millions.

Accroiffement apparent de la charge du
peuple depuis 1776. . . . . 75 millions.

Mais les changemens avantageux faits par M. Necker dans
l'ordre des perceptions qui forment actuellement l'objet des
trois grandes compagnies des fermiers généraux, des régiffeurs
généraux & des adminiftrateurs des domaines; les diminutions
opérées dans les profits de cette premiere claffe de financiers
par l'inquifition fuivie des divers contrôleurs généraux ; les
économies faites fur le nombre & fur le traitement des
employés fubalternes ; enfin les bonifications qui ont eu
leur fource dans la perfection des méthodes de recouvrement,
font d'une notorieté fi univerfelle que l'évaluation à huit
millions des profits qui en font réfultés à la recette du
tréfor royal, fans qu'il en coûte un fol de plus aux contribuables, paroîtra certainement très-modérée.

Il fuit de tout ce qui précede que l'addition effective aux
charges du peuple, depuis 1776, n'a été en France que de
foixante & fept millions. On a vu que, depuis le même tems,
elle a été en Angleterre de cent vingt-huit.

En établiffant une échelle de graduation moyenne dans
la marche de l'impôt, on peut dire que de 1776 à 1788,
fon accroiffement annuel moyen a été en France d'environ
cinq millions quatre cent quatre-vingts mille livres &, en
Angleterre de dix millions fix cents foixante mille livres.

Dans cet efpace de tems, la marche de l'impôt a donc
été dans l'un des pays une fois moins rapide que dans
l'autre.

Il peut fe faire que cette différence remarquable entre les

deux loix fuivant lefquelles fe font élevés les revenus publics dans les deux royaumes, tienne beaucoup à la différence des conftitutions. En Angleterre, la nation, repréfentée dans la chambre des communes, s'impofe elle même. Quand elle a un grand objet en vue, quand elle veut la guerre, ou quand elle arrête la dépenfe de fes armées & de fes flottes, elle fe livre fans crainte ultérieure à la vivacité de la paffion momentanée qui l'anime. Elle fixe les facrifices qu'elle juge convenables pour la fatisfaire. La chambre des communes, par cela même qu'elle tient la place de toute la nation, eft certaine que fes loix fifcales, une fois faites, feront exécutées, fans remontrances, fans oppofitions & fans trouble. En France, un fouverain individuel décide de la guerre & de fes dépenfes. Il eft plus circonfpect parce qu'il commande des facrifices qui ne font pas les fiens, mais ceux de fon peuple. Il fait que ce peuple, toujours difpofé à croire que ce qu'il paie déja eft fuffifant pour des dépenfes qu'il ne regle pas, fe plaindra facilement. Le monarque, avec l'apparence du pouvoir entier, eft arrêté par mille confidérations qui fe réduifent toutes réellement à celle-ci, au defir naturel de prévenir le mécontentement. Tous les rois ne font pas des Louis XIV; & fi Louis XIV même eût prévu que l'état d'oppreffion auquel il réduifoit la France, finiroit par effacer dans l'ame de fes fujets l'admiration qu'avoit caufée l'éclat de la première partie de fon regne, s'il eût fenti qu'une diffatisfaction générale & durable alloit fuccéder aux effets toujours paffagers de l'enthoufiafme, il eût fait confifter fa gloire & fa grandeur dans toute autre chofe que dans un état de guerre prefque perpétuel.

Si les confidérations que l'on vient de hafarder ont quelque

degré de réalité ou du moins de vraifemblance, il fembleroit
qu'on en peut inférer que par un effet de la nature des conftitutions différentes dans les deux pays, la France doit
s'attendre à moins de charges intérieures & à moins de puiffance extérieure que la Grande-Bretagne. Le peuple françois,
toute proportion gardée, aura moins de contributions à
payer que le peuple Britannique; mais on ne verra point
non plus dans l'occafion un développement fi entier & fi
prompt de fes reffources. La force réelle de la France fera
plus limitée dans fon action.

D'un autre côté, fi cette faculté de mettre à volonté toute
fa puiffance en jeu, eft pour un peuple une faculté dangereufe, parce qu'il peut s'épuifer par fes propres efforts, le
peuple françois fera moins dans le cas d'ufer fa force que
le peuple anglois. Celui-ci pourra fe trouver ruiné quand
l'autre fera riche encore.

La rapidité avec laquelle fe font accumulées les taxes
Britanniques, n'eft pas venue de ce que cette nation
ait augmenté beaucoup plus que les autres peuples fes
dépenfes ordinaires pour fa marine, pour le fervice de
terre & pour fes divers établiffemens civils. Au contraire,
on verra par la fuite que la fomme annuelle confacrée à
fa marine, dans la diftribution de fon revenu ordinaire, eft
inférieure à celle que la France confacre à la fienne. Certainement perfonne ne fe feroit attendu à un pareil réfultat, tant
l'opinion générale eft que l'Angleterre, inftruite que c'eft dans
fes vaiffeaux qui réfide toute fa fûreté, doit faire pour fa
marine plus de facrifices qu'aucun autre peuple de l'Europe
n'en fait pour la fienne. Cela n'eft cependant point. M. Pitt
a jugé que la fomme qu'il étoit néceffaire d'affigner

ordinairement

ordinairement à ce département, devoit fe borner à 1,800,000 l.
fterling. C'eft près de 42 millions tournois (1). En France,
les fonds ordinaires de la marine font de quarante - cinq
millions.

Mais ce qui a néceffité dans la Grande - Bretagne cet
énorme accroiffement du revenu ordinaire, c'eft l'immenfité
de la dette publique, accrue en capital de deux milliards trois
cents millions dans le cours des douze dernieres années. La
nation Angloife dans la guerre des colonies a emprunté
une année jufqu'à trois cents douze millions, & cela ne fuffifoit
pas encore pour fubvenir à tous fes befoins extraordinaires.
Elle avoit à fe foutenir feule contre quatre puiffances. Les
efforts qu'elle a faits ont prouvé l'étendue de fon courage
comme de fes reffources.

Cependant ne peut-on pas foupçonner, avec de juftes
raifons, qu'elle s'eft réellement affoiblie par un ufage auffi
immodéré de fon crédit ? au moins eft-il vraifemblable qu'une
dépenfe auffi exceffive de fes moyens de puiffance pourroit
fe reproduire conftamment ? Nul doute, il eft vrai, que

---

(1) Cette fomme de quarante-deux millions, fixée par M. Pitt
pour être celle que demande ordinairement la dépenfe de la marine
angloife, s'eft trouvée trop foible, comme on le verra par la fuite ;
on eft obligé d'y ajouter chaque année des fommes extraordinaires.
Ainfi, à la rigueur, il feroit plus vrai de dire que l'Angleterre dépenfe
annuellement à peu-près autant pour fa marine que la France pour la
fienne ; mais il eft toujours furprenant qu'elle ne dépenfe pas beaucoup plus. La multitude de fes engagemens la rend économe fur l'article de fa dépenfe qui a le plus de rapport à fa fûreté & à fa
puiffance.

E

(34)

l'Angleterre, au premier signal d'une nouvelle guerre, ne trouve encore, par le moyen d'emprunts souscrits aussi-tôt qu'annoncés, les fonds nécessaires à ses armemens de terre & de mer. Mais pour assurer le paiement de l'intérêt de ces emprunts, il faudra créer de nouveaux impôts, & sans pouvoir assigner précisément le terme de leur accumulation possible, il est certain qu'un peuple ne doit être en état de supporter qu'une mesure de charges, déterminée par le rapport naturel de ses facultés. Celles-ci, nous opposera-t-on, croissent par l'industrie. Rien de si vrai ; mais si la marche de l'impôt est plus accélérée que celle de la richesse, il faut au bout d'un tems que la richesse se trouve arrêtée dans ses principes. Alors une nation cesse de prospérer. Au contraire elle prend une course rétrograde qui la fait descendre rapidement à un état de misere & de foiblesse.

Que les taxes sur les matieres premieres, & par conséquent celles sur la terre, haussent considérablement le prix des marchandises manufacturées ; que cette élévation de prix soit moindre quand la taxe n'atteint la matiere premiere qu'après qu'elle a subi toutes les métamorphoses de l'industrie, & qu'elle est arrivée à l'état propre à la consommation; toujours est-il vrai qu'une taxe fait renchérir l'objet taxé, & par réaction une infinité d'autres. C'est par cette réaction que l'agriculteur & le manufacturier qui achetent, paient & consomment la chose taxée, trouvent leur dédommagement de l'excédent de son prix nouveau sur son prix ancien. Il est assez raisonnable de vendre plus cher ses propres produits quand on paie davantage certains produits des autres. Ce calcul, très-naturel en lui-même, ne manque jamais de se faire dans tous les coins de l'Empire. Il conduiroit à la longue tout homme qui vend fon tems ou fa denrée, à trouver, pour fa recette, le jufte fupplément qui balanceroit l'augmer-tation de fa dépenfe : mais auparavant quelle multitude de léfions momentanées & particulieres ne s'opere-t-il pas? Certaines claffes perdent plus que les autres, & leur induf-trie en fouffre. Les plus nombreufes, celles de peine & de travail, font même les dernieres à obtenir leur dédommage-ment. En un mot, il faut néceffairement un tems fort long pour rétablir cet équilibre des prix que certains apologiftes mo-dernes des taxes ont tant fait valoir. Que fera-ce donc, fi de nouveaux impôts s'ajoutent chaque année aux anciens? Le trouble interne doit alors être extrême. D'une multitude de répétitions d'avances, faites au revenu public, naîtra un conflit général d'intérêts, où chacun jouera un rôle comme confommateur ou comme produêteur. Le défordre fera d'autant plus grand que le tarif de toutes ces répétitions fera indéterminable. Souvent la cupidité mettra cette incertitude à profit pour rançonner le public. Le débit des marchan-difes impofées diminuant à caufe de leur renchériffement, la commande baiffera dans les manufaêtures. S'il en fort des produits d'une qualité reconnue pour fupérieure par d'autres peuples, il pourra arriver que la commande de l'étranger fera toujours auffi confidérable; mais la plus importante, celle de la nation même diminuera fenfiblement. Le peuple préférera fouvent d'ufer des qualités inférieures, venues des autres pays, à caufe de leurs bas prix. L'exportation reftera toujours florif-fante; mais l'importation augmentera, & la balance du com-merce fera d'un plus foible avantage.

Ne feroit-ce pas là l'explication affez naturelle d'un fait qui afflige avec raifon les économiftes anglois? Aucune nation ne s'eft autant appliquée à tenir des états , auffi exaᶜts qu'il eft poffible , de fes balances de commerce. Les tables du chevalier Withworth les donnent depuis 1696 jufqu'en 1774. M. Chalmers, dans fon ouvrage fur la force de la Grande-Bretagne , depuis la révolution de 1688 , en donne auffi un tableau qui commence au rétabliffement des Stuarts par le rappel de Charles II , & finit à l'année 1784 incluſivement. C'eft d'après ce tableau que l'on à dreffé celui qui fuit, pour mettre en évidence la dégradation des profits de la Grande-Bretagne dans fon commerce extérieur.

Balances moyennes de commerce à l'a-vantage de la Grande-Bretagne dans les années

liv. tournois.

1761 , 1762 , 1763 , . . .	134,993,007
1764 , 1765 , 1766 , . . .	100,863,809
1767 , 1768 , 1769 , . . .	56,893,620
1770 , 1771 , 1772 , . . .	81,765,930
1773 , 1774 , 1775 , . . .	70,964,445
1776 , 1777 , 1778 , . . .	47,352,341
1779 , 1780 , 1781 , . . .	45,683,046
1782 , 1783 , 1784 , . . .	35,620,612.

On voit que cette balance du commerce anglois, eft aᶜtuellement moins riche d'environ cent millions qu'elle n'étoit il y a vingt-cinq ans.

Dans les années depuis 1744 jufqu'en 1750 , les Anglois exportoient annuellement pour plus de trente-neuf millions de grains dans les diverfes contrées de l'Europe. Déjà ils n'en exportent plus depuis un certain nombre d'années. Doit-on

en chercher la caufe dans une diminution des produits de l'agriculture, ou dans un accroiffement de population ? Quel
qu'elle foit, il en réfulte toujours que l'Angleterre ne paie
les étrangers qu'avec les produits de fon induftrie. Elle n'a
aucune production de fon fol à leur offrir, qu'ils ne puiffent
trouver ailleurs. Son commerce n'eft donc fondé abfolument
que fur la fupériorité de fes manufactures. Si les autres nations
deviennent auffi habiles & auffi induftrieufes que la nation
Britannique (cela peut & doit même arriver avec le tems),
celle-ci-ci fera ruinée ou forcée de fe reftreindre à la confommation de fes propres produits.

Les changemens que nous venons de remarquer dans le
commerce des Anglois, n'ont probablement aucune autre
caufe que la multitude énorme des impofitions différentes
dont leur parlement n'a pas craint de les charger. La
France a donc lieu de s'applaudir de n'avoir pas vu fon
gouvernement recourir aux mêmes extrémités. Ce n'eft
réellement que parce qu'il à moins demandé au peuple
confié à fes foins, qu'il s'eft trouvé fréquemment dans la
gêne & dans l'embarras. N'eft-ce pas en effet demander moins,
& beaucoup moins, que d'avoir accru feulement fon revenu
de deux cents foixante-quatre millions en cent huit années,
tandis que dans le même tems celui de l'Angleterre à cru de
trois cents dix-neuf millions, dont deux cents vingt-neuf y
ont été ajoutés dans le court efpace des trente-fept années
dernieres ? Aux réductions près dans les intérêts, réductions
dont il fera queftion à l'article de fa dette, cette derniere
puiffance s'eft montrée conftamment exacte & ponctuelle à
remplir fes engagemens. Mais en tout pays, & fur-tout en
France où la richeffe eft extractive, tient au territoire, &

n'eſt point alimentée ſeulement par les fantaiſies, mais bien plus par les beſoins des autres peuples, on acquérera la poſſibilité d'une exactitude auſſi ſoutenue dès que le ſouverain y parlera comme en Angleterre ; dès que ſes ordres, toujours reſpectés, parce qu'ils ſeront reconnus pour être néceſſaires, feront fluer au tréſor royal tout l'or qui doit en ſortir pour ſatisfaire à l'univerſalité des obligations publiques ; dès que pour produire & pour aſſurer cette circulation ſalutaire & vivifiante, on abolira toutes ces diſtinctions accordées à certains ordres, oppreſſives pour tous les autres ; dès qu'il ſera reconnu que tous les ſujets doivent participer aux charges publiques dans la proportion de leurs facultés ; enfin dès que pour aſſeoir l'impôt, on ne ſuivra d'autres regles que celles d'une juſtice impartiale & rigoureuſe. Pour contribuer de tout ſon pouvoir à faire ceſſer l'embarras qui regne depuis ſi long-tems dans l'adminiſtration de ſes finances, que peut attendre une nation, où l'honneur & le patriotiſme datent d'une exiſtence de quatorze ſiecles, ſinon d'être parfaitement éclairée ſur les véritables néceſſités de l'état ? Or, en abjurant les méthodes couvertes & myſtérieuſes de leurs prédéceſſeurs, ſes adminiſtrateurs ont frayé un chemin qui doit conduire inceſſamment à la plus grande lumiere ſur toutes les parties de la choſe publique. Nul doute que bientôt l'inſtruction ne ramene la confiance ; celle-ci multipliera les moyens, & la nation françoiſe s'étonnera un jour de s'être crue réduite auſſi bas, ſeulement parce qu'elle n'avoit encore tenté l'eſſai que d'une partie de ſa puiſſance.

CHAPITRE III.

De l'accroiſſement de la dette publique dans les deux Royaumes.

L'HISTOIRE de la dette d'une nation eſt à-peu-près l'hiſtoire de l'imprudence & des écarts politiques de ſes adminiſtrateurs. On y voit une partie des ſacrifices que, dans les accès périodiques de leur paſſion pour un jeu funeſte & ruineux, ils ont mis un barbare intérêt à preſcrire & à conſommer. Si les malheureuſes victimes, dont le ſang leur reproche leur criminelle inconſéquence, ſont comptées ſoigneuſement dans les relations des ſieges & des combats, la grandeur de la dette nationale fait préſumer le nombre de celles à qui l'on ravit journellement le néceſſaire, ou tout au moins l'aiſance, pour payer les millions dont quelques fautes momentanées ont grevé annuellement toutes les générations futures. L'énumération des emprunts publics eſt un tableau de faits ſucceſſifs qui atteſtent les folies d'une nation ou de ſes chefs; elle peut ſervir également aux conſidérations de la morale & aux calculs de la finance.

Dans les tems où Sparte & Athènes ſe diſputoient l'empire de la Grece, Rome & Carthage celui de l'Europe, Genes & Veniſe le commerce de l'Orient, la Suede & le Danemarck la prépondérance dans le nord, les peuples ſe contentoient de dépenſer dans leurs querelles les économies antérieures quand il s'en trouvoit, & les tributs qu'ils s'impoſoient

annuellement. Ceux qui foutenoient la guerre, ne compro-
mettoient l'exiftence des générations qui doivent fuivre qu'autant qu'ils s'expofoient au danger d'être conquis, & de paffer
fous une domination étrangere. S'ils étoient affez heureux
pour éviter ce malheur, & à plus forte raifon s'ils étoient
victorieux, ils avoient la certitude que les frais de leurs
guerres, tous acquittés dans le tems même qu'elles duroient,
ne retomboient point à la charge de leurs defcendans. Ceux-ci
n'avoient à payer que pour leurs propres fautes : maintenant,
la génération qui exifte, eft obligé de fubvenir à-la-fois aux
frais des guerres qu'il lui plaît d'entreprendre, & de celles
qui ont eu lieu depuis plus d'un fiecle ; & comme le mal
eft parvenu à un point qui bannit tout efpoir de remede,
elle tranfmettra aux générations qui viendront la même
charge, accrue encore par les nouveaux effets de la même
paffion qui l'a créée anciennement. Cette charge augmentera
donc toujours ; mais fi fa progreffion ne fuit point une loi
trop rapide, elle peut ne pas excéder les moyens pécuniaires
de nos defcendans, qui la fupporteront comme auront fait leurs
ancêtres. Nous avons déjà obfervé que la richeffe réelle des
nations croît heureufement par l'effet de leur induftrie en
même tems que la maffe de leurs engagemens s'appefantit
par l'effet de leurs malheureufes diffentions. Leur légéreré
opere le mal, tandis que leur ingénieufe activité prépare le
foulagement. Pour voir l'équilibre fe perpétuer entre un fardeau qui croît & la force qui le foutient, il fuffit que l'un &
l'autre varient dans le même rapport.

Toutes les nations de l'Europe n'ont point commencé
dans le même tems à mettre en ufage la méthode dangereufe
des emprunts. L'origine de la dette publique en Angleterre

ne

ne remonte pas à un tems plus ancien que celui de la révolution. Le roi Guillaume III, forcé d'oppofer à la France
des forces proportionnées aux armemens formidables dont
Louis XIV donnoit le premier le funefte exemple, propofa
à fa nation, dans fes befoins d'argent, de recourir à un moyen
déjà connu & pratiqué depuis long-tems dans quelque pays
de l'Europe; mais comme il emprunta prefque toujours avec
des termes fixes de rembourfemens qui furent effectués avec
exactitude, en 1702 la dette angloife ne fe montoit en capital
qu'à deux cents trente-trois millions tournois.

Avant 1714, elle fut portée à un milliard cent foixante-
treize millions, par les efforts infructueux que l'Angleterre
fit pour la caufe de l'archiduc dans la guerre de la fucceffion
d'Efpagne.

En 1716, les intérêts furent réduits de fix à cinq pour
cent.

En 1727, ils furent, par une nouvelle réduction, abaiffés
à quatre pour cent.

En 1738, la dette fe trouva réduite, par quelques rembourfemens opérés dans les années précédentes, à un milliard
foixante-treize millions.

Quelques tems après, la mort de l'empereur Charles VI
plongea l'Europe dans une guerre générale, & l'Angleterre,
après y avoir avoir facrifié, inutilement pour elle, près de
quinze cents millions, vit en 1749 fa dette accrue jufqu'à
un milliard fept cents douze millions, pour lefquels il fe
payoit foixante-huit millions d'annuités ; ces annuités, par
une troifieme réduction d'un demi pour cent, furent abaiffées
à foixante-un millions.

En 1755, une nouvelle guerre avec la France, pour quelques
F.

lifieres défertes du Canada, occafionna de nouvelles dépenfes annuelles, infiniment fupérieures au revenu. En 1757, on retrancha un nouveau demi pour cent de la rétribution annuelle des créanciers de l'état, qui furent par-là réduits à trois pour cent d'intérêt pour des fonds dont originairement beaucoup avoient été prêtés à fix; enfin en 1764, le capital de la dette fondée (1) montoit à trois milliards trois cents quatre-vingt dix-neuf millions, & l'intérêt à payer paffoit cent douze millions.

Les onze années de paix qui vinrent enfuite, furent employées à toute autre chofe qu'à des économies propres à la libération de l'état. On ne put rembourfer qu'environ deux cents quarante-neuf millions. En 1775 (Chalmers's eftimates), le capital de la dette fondée étoit encore de trois milliards cent cinquante millions : les annuités à payer montoient à

---

(1) On appelle en Angleterre *dette fondée* la partie de la dette publique dont les intérêts fe paient avec la portion du *revenu établi* affectée invariablement à cet objet par le parlement ; mais il arrive à l'adminiftration, & le plus fouvent c'eft en tems de guerre, de contracter des dettes pour les befoins urgens des fervices de terre ou de mer. Ces dettes, contractées fans l'aveu du parlement, n'ont aucune partie du revenu public affectée au paiement de leurs intérêts, puifque le parlement feul peut difpofer du revenu public. Ce font des avances ou un crédit que des particuliers ou des fourniffeurs font au roi perfonnellement, dans l'efpoir qu'il aura enfuite affez d'influence dans le parlement pour le déterminer à ratifier ces fortes d'engagemens, & à les joindre à la dette fondée, en affignant fur telle ou telle partie du revenu national, le paiement de leurs intérêts. Jufqu'à ce moment ces engagemens forment ce que les Anglois appellent *dette non fondée.*

cent deux millions ; il reftoit en fus pour près de trente
millions de billets de l'échiquier, non éteints, qui couroient
dans le commerce à trois pour cents d'intérêt ; le revenu public
ne paffoit pas alors deux cent trente-neuf millions. Tel étoit
l'état des finances de la Grande-Bretagne au tems de la révolte
de fes colonies.

Cette guerre a été la plus difpendieufe que l'Angleterre ait
ait jamais foutenue. Chaque année, depuis 1776 jufqu'en
1784, fut marquée par un emprunt. La totalité de ces
emprunts fait plus que fix années de fon revenu ordinaire ;
en un mot, dans l'efpace de fept ans, l'Angleterre à dépenfé
une fomme égale à treize années de fon revenu total, ou
plus de vingt-cinq années de fon revenu libre & difponible.

Voilà la lifte de ces emprunts, & enfuite l'état des engagemens auxquels, à la fin de la guerre, il fut annoncé au
peuple anglois qu'il lui reftoit à pourvoir.

L'emprunt fut	Capital	Intérêts perpétuels & annuités à termes.		
En 1776....	de 46,350,000ˡ....	1,494,787 ˡ. 10 f. 0 d.		
En 1777....	de 115,875,000....	5,214,375		
En 1778....	de 139,050,000....	7,647,750		
En 1779....	de 162,225,000....	10,938,600		
En 1780....	de 278,100,000....	16,164,562	10	
En 1781....	de 278,100,000....	15,295,500		
En 1782....	de 312,862,500....	18,380,771	17	6
En 1783....	de 278,100,000....	12,978,000		
En 1784....	de 139,050,000....	7,334,887	10	
Total.....	1,749,712,500....	95,449,234	7	6.

La fomme des capitaux de tous ces emprunts eft donc

de près d'un milliard sept cents cinquante millions, de livres tournois, & la somme des intérêts s'éleve au-delà de quatre-vingt-quinze millions, dont vingt seulement sont pour des annuités à termes.

Toutes les dettes, contractées pendant la guerre, furent fondées dès leur origine même. Chaque bill d'emprunt fut accompagné d'un autre bill qui imposoit de nouvelles taxes, dont les produits, appréciés d'avance, devoient suffire à l'intérêt annuel de l'emprunt. On s'attendoit bien, qu'à la suite de la liquidation de tous les comptes de la guerre, il se trouveroit une dette non fondée, à laquelle le parlement auroit à pourvoir; mais on croyoit que les taxes récemment établies avoient dû produire plus qu'il ne falloit pour les 95 millions d'intérêts nouveaux à payer, & l'on se flattoit qu'il se trouveroit dans le revenu libre de quoi *fonder* une dette composée de restes de comptes qu'on supposoit devoir aller peut-être, comme en 1764, à deux cents millions. La nation, à la fin de 1783, apprit qu'elle s'étoit bercée d'une chimérique confiance. Le produit de toutes les taxes ne fut pas même suffisant pour payer en même tems l'intérêt de toutes les dettes fondées & ce qu'il étoit indispensable de regarder comme dépense ordinaire d'administration dans une année de paix; en un mot, on reconnut l'existence d'un *déficit* sur lequel nous reviendrons par la suite. La dette non fondée se trouva beaucoup plus considérable qu'on ne se l'étoit figurée. Quand les comptes de la marine, des vivres, de l'artillerie & de l'extraordinaire des guerres eurent été rapprochés, on sut que cette dette non fondée n'alloit pas à moins qu'à une somme de quatre cents quatorze millions qui portoient environ vingt millions d'intérêts.

Et il reſtoit en ſus dans la circulation pour cent vingt-huit millions de billets de l'échiquier, dont l'intérêt à divers taux montoit à plus de ſix millions. On ſait que les billets de l'échiquier offrent en Angleterre la reſſource momentanée qu'on ſe procure en France par la voie des anticipations. Ces deux moyens ſont également faciles & ruineux à employer. Les billets de l'échiquier ſe font en Angleterre à des termes plus longs que les reſcriptions & aſſignations en anticipations qui ſe délivrent en France. En cela, ils donnent moins d'inquiétudes au miniſtre des finances angloiſes qui d'ailleurs trouve toujours dans la banque de grandes facilités pour en faire circuler de nouveaux en remplacement des anciens, & en même tems pour en ſoutenir le crédit.

Rien ne peut donner une idée plus préciſe de l'étendue actuelle de la dette de la Grande-Bretagne, que le rapport des neuf commiſſaires nommés en 1786 par la chambre des communes, pour examiner les comptes de recette & de dépenſe préſentés par M. Pitt. On y voit que la ſomme néceſſaire pour acquitter les annuités perpétuelles, les annuités à vie & à termes, l'intérêt des cent vingt-huit millions des billets de l'échiquier qui ont été laiſſés dans la circulation, & enfin les frais de bureaux relatifs à la dette nationale, montoit annuellement à deux cents vingt-un millions, dont trente ſeulement ſont pour des annuités à vie & à termes, & ſuſceptibles de s'éteindre naturellement.

On a vu que le revenu de la Grande-Bretagne montoit à trois cents ſoixante-ſept millions; il ne lui reſte donc annuellement que cent quarante-ſix millions de diſponibles, pour l'entretien de ſa marine, pour ſes forces de terre, pour la liſte civile, en un mot pour les dépenſes qui ont rapport au tems préfent. Celles des tems qui ne font plus, lui enlevent plus des trois cinquiemes de fon revenu actuel.

Veut-on avoir en capital la fomme à laquelle fe monte la dette Britannique ? le calcul en fera très-fimple.

Capital qui étoit dû avant 1775.....	3,150,000,000 liv.
Capitaux des neuf emprunts jufqu'en 1784 inclufivement...............	1,749,712,500
Dette non fondée qui s'eft trouvée exiftante en 1784...............	414,000,000
Billets de l'échiquier laiffés dans la circulation....................	128,000,000
Capital de la dette britannique entiere.	5,431,712,500

L'Irlande à fa dette particuliere.

La Grande - Bretagne doit donc en capital la fomme effrayante de cinq milliards quatre cents trente-un millions fept cents douze mille cinq cents livres tournois. Il y a environ cent ans qu'elle a commencé à emprunter ; elle eft exacte- ment dans le même état où elle feroit fi, depuis ce tems, il y avoit eu, chaque année, entre fa recette & fa dépenfe, un déficit habituel & uniforme de cinquante - quatre millions.

Nous aurons encore par la fuite quelques autres confidé- rations à faire fur la dette de la Grande-Bretagne ; mais c'eft affez maintenant que fon étendue ait été déterminée (1)

---

(1) Depuis 1786, le fonds d'amortiffement de M. Pitt a diminué le capital de cette dette d'environ foixante-dix millions. On parlera ci- après de ce fonds d'amortiffement ; on verra auffi que depuis 1786

d'une maniere précife, d'après des extraits de pieces authentiques. C'eft affez que les fources dans lefquelles nous avons
puifé, ne puiffent permettre aucun doute fur la certitude des
faits que avons expofés, d'après elle, avec la plus fcrupu-
leufe fidélité. Il eft tems maintenant de paffer à ce qui regarde
la dette de la France; mais comme, pour tous les tems
antérieurs à 1775, nous avons éprouvé les mêmes embarras dans lefquels nous nous fommes trouvés en traitant de
fon revenu, la même ftérilité de matériaux fûrs & inftructifs
nous fera parcourir en peu de mots tout ce qui fe rapporte
à l'efpace de tems qui a précédé cette époque; il vaut mieux
dire peu, & dire des chofes fûres.

On fait feulement qu'après les ravages du fyftême de Law,
on fit en France un récenfement de toutes les fortunes des
citoyens. Le gouvernement, qui s'étoit déchargé de prefque
toute fa dette par l'émiffion d'un papier dont la valeur étoit
bientôt tombée totalement, permit alors qu'on lui reportât
ce papier, & fixa le dédommagement qu'il pouvoit accorder
pour des pertes que fon imprudence avoit caufées. Dans le
bouleverfement général des affaires publiques & particulieres,
une multitude de familles dont les fortunes ne repofoient
plus que fur des titres devenus vils & fans prix, fe trouverent
heureufes de fe voir offrir une miférable compofition, & l'état
reconnut leur devoir une certaine fomme, qui fut en même
tems celle de prefque toutes les dettes qui lui reftoient alors.

---

jufqu'à ce jour, la dépenfe angloife ayant, chaque année, dépaffé le
revenu, l'effet de ce fonds d'amortiffement peut fort bien n'avoir été
jufqu'ici qu'illufoire.

Ce bilan de la dette publique fut fait en 1721 & 1722 ; il
fut authentique. Quand on aura dreſſé celui qui convient
au tems actuel, on pourra comparer les deux enſemble, &
voir l'accroiſſement ſurvenu dans les engagemens de l'état
depuis ſoixante-ſept ans.

La France eſt un des pays de l'Europe où les emprunts
public, furent connus bien avant que l'uſage s'en fût introduit
en Angleterre. Sous François Ier, il ſe payoit pour trente
mille livres de rente de l'hôtel-de-ville.

Louis XIV dépenſa environ dix-huit milliards dans tout
ſon regne, & laiſſa ſon royaume grevé d'une dette immenſe,
qui ſembloit devoir accabler pour toujours le peuple François.
A ſa mort, cette dette ſe montoit à deux milliards ſix cents
millions, à vingt-huit livres le marc ; ce qui, à compter
comme on fait de nos jours, équivaut à quatre milliards ſix
cents quarante-trois millions.

Vers 1718, le vertige le plus inconcevable ſaiſit toute
la nation. Devenue tout-à-coup idolâtre de fortunes imagi-
naires, il ſembla qu'elle avoit perdu le goût des propriétés
réelles. Le gouvernement mit à profit la folie des particuliers
pour payer ſes dettes avec un papier que l'on préféroit à
l'argent, & l'on vit les rentiers de l'état recevoir avec joie
des valeurs chimériques en acquittement de leurs créances.
L'illuſion ne ceſſa qu'en 1720. Le réveil en fut affreux. La
moitié de la nation fut ruinée ; mais l'état liquida ſes comptes,
& ſa dette ſe trouva réduite en 1721 à (1) un milliard ſept

---

(1) Voyez les recherches de M. de Forbonnois ſur les finances,
tome VI, page 384 de l'édition in-12.

cents

cent millions fept cents trente-trois mille deux cents quatre-vingt-quatorze livres dont il s'obligea de payer les intérêts au denier quarante.

Le mémoire de M. de Boullongne, dont il a été queftion dans le chapitre précédent, donne, fur les divers articles de la dette nationale en 1758, des lumieres beaucoup plus bornées que celles qu'il dónne fur le revenu.

Il fe trouve, à la page 51 de la collection des Comptes rendus, un tableau de la dette de l'état, qui fe rapporte à l'année 1764. Dans ce tableau, qui ne peut au refte faire autorité, n'ayant été ni vérifié ni fanctionné par aucun miniftre, on voit que la dette nationale montoit alors à deux milliards cents cinquante-fix millons cent feize mille fix cents cinquante-une livres, fans y comprendre les capitaux des rentes viageres dont la fomme n'eft pas énoncée dans cet état. Celle des rentes perpétuelles qui fe payoient alors y eft portée à quatre-vingt-treize millions quatre cents foixante-huit mille cinq cents quatre-vingt-dix-huit livres.

Tout imparfait qu'eft ce tableau, c'eft probablement le feul compte un peu général qu'on ait fait de la dette françoife rapportée à un tems quelconque, depuis 1721 jufqu'au moment où parut le tableau du même genre, mais infiniment plus complet & plus inftructif, qui fe rapporte au commencement de 1784, & que M. Necker a publié dans fon excellent ouvrage fur l'adminiftration des finances.

Comme ces fortes de tableaux ne peuvent que jetter un très-grand jour fur les réfultats les plus effentiels des grandes opérations des finances, nous en avons formé un autre d'après le compte des revenus & des dépenfes de l'état, dreffé en 1775 par M. Turgot; & qui eft une des pieces les plus

G

précieufes de la collection des Comptes rendus. Si ce tableau ne préfente pas la dette nationale, en 1775, avec toute l'exactitude que le miniftre des finances de ce tems auroit pu y mettre en le faifant dreffer lui-même, au moins il peut paffer pour approcher fort près de la réalité.

ÉTAT des rentes & intérêts qui fe payoient en France en 1775 pour la dette nationale.

Rentes perpétuelles. . : . .	47,442,779 liv.
Tontines & rentes viageres. . . .	45,922,994

  Nota. Ces rentes perpétuelles & viageres fe payoient tant à l'hôtel-de-ville qu'à la caiffe des amortiffemens, ou bien étoient affignées fur différentes fermes du roi.

Gages des payeurs de rentes, des contrôleurs des rentes, épices, & frais de comptes, par évaluation.	2,100,000
Charge des états du roi en 1775. .	12,343,339
Intérêts des fonds d'avance des fermiers généraux, & de vingt millions fournis au roi à titre de cautionnement par les employés des fermes.	4,136,667
Intérêts à cinq pour cent pour foixantedix millions de foufcriptions fufpendues, fur les recèveurs généraux des finances.	3,500,000
Intérêts à cinq pour cent d'un emprunt de huit millions cent trois mille trois cents liv.	405,165

Intérêts à quatre pour cent d'une avance
de huit millions faite par les receveurs
généraux des finances. .   .   .   .   320,000 liv.

Intérêts à quatre pour cent de sept
millions trois cents trente-huit mille trois
cents trente-trois livres fournies d'avance
par les fermiers des postes. .   .   .   293,333

Intérêts à sept pour cent des six cents
cinquante mille livres, fournies d'avance
par les fermiers de Sceaux & de Poissy. .   45,500

Intérêts à divers taux des fonds d'avance
fournis par les officiers des droits réunis,
des hypotheques, des domaines & la
Flandre maritime.   3,581,000

Intérêts des emprunts, faits au compte
du roi par les pays d'états. .   .   .   2,175,485

Intérêts des actions & des billets d'emprunt de la compagnie des Indes.   .   .   4,894,330

Intérêts à monseigneur le duc d'Orléans
pour la dot de S. A. R.   89,000

Au même pour intérêts de la dot de
la feue reine d'Espagne.   .   .   .   185,068

A monseigneur le prince de Condé pour
intérêts de la dot de feue madame la
duchesse de Bourbon douairiere. .   .   .   35,600

A la ville de Toulouse pour intérêts
des charges municipales.   209,581

Aux différens tréforiers & autres pour
les intérêts de leurs avances fur les services
dont ils font chargés.   6,000,000

Intérêts de la finance des offices des receveurs généraux & des receveurs des tailles des pays d'élection & des pays d'état, environ. . . . . . 3,100,000 liv.

Indemnité à payer au clergé de France jusqu'en 1790. 500,000

Gages des Officiers de justice.

Chancelleries.	1,616,000
Parlement de Paris.	500,000
Chambre des comptes de Paris. .	365,975
Cour des aides de Paris. . . .	400,000
Cour des monnoyes de Paris. . .	120,000
Châtelet de Paris.	40,000
Parlemens des provinces. . . .	2,675,000
Portions des gages des parlemens & conseils supérieurs.	561,820
Chambres des comptes des provinces.	263,000
Cours des aides des provinces. . .	205,000
Elections.	560,000
Amirautés.	250,000
Présidiaux & autres jurisdictions royales.	180,000
Secrétaires du roi du grand college. .	2,259,093
Tréforiers de France.	1,500,000
Gages des officiers de la maison du roi.	1,310,839

Gages des officiers du point-d'honneur, ceux des commiffaires & contrôleurs des guerres, des tréforiers des troupes de la maison du roi & de leurs contrôleurs, par évaluation. 800,000

Gages des grands-maîtres, & maîtres particuliers des eaux & forêts, & intérêts des sommes payées par les officiers des maîtrises, par évaluation. . . . . **700,000 liv.**

Gages des maîtres des postes & des couriers. **254,390**

151,840,958

La somme des intérêts annuels que l'état avoit à payer en 1775, étoit donc de cent cinquante-un millions huit cents quarante mille neuf cents cinquante-huit livres. Pour se former une idée du capital qui correspond à cette obligation annuelle, il faut commencer par y distinguer les rentes viageres dont voici l'état particulier.

Tontines & rentes viageres. . . . . . **45,922,994 liv.**

On sait que depuis 1771, les gages des officiers du point-d'honneur s'éteignent à la mort du titulaire, il faut donc mettre leur article au nombre des rentes viageres. Nous le porterons par évaluation à. . . . **300,000**

> *Nota.* Il y a beaucoup d'officiers de la maison du roi dont les gages s'éteignent aussi avec la vie des titulaires; mais comme il se délivroit un grand nombre de brevêts de retenue sur les finances de ces charges, nous en laisserons les gages au nombre des rentes perpétuelles.

L'indemnité qui devoit se payer au clergé

juſqu'en 1790, étoit une rente à terme que nous conſidérerons comme une rente viagere, ſeulement d'une nature qui n'avoit rien d'aléatoire. . . . . 500,000 liv.

Total des rentes viageres en 1775. . 46,722,994
Partant, rentes perpétuelles en 1775. . 105,117,964

Somme pareille. . . . . 151,840,958 liv.

Pour adopter des nombres ronds, nous dirons que la ſomme totale des intérêts payés pour la dette publique en 1775 étoit de cent cinquante-deux millions dont cent cinq millions en rentes perpétuelles & quarante-ſix millions en rentes viageres.

Maintenant, ſi l'on veut avoir du capital de cette dette une idée, vague à la vérité, on peut eſtimer le capital des rentes perpétuelles au denier vingt, & celui des rentes viageres au denier onze, & l'on trouvera que le capital de la dette nationale pouvoit ſe conſidérer en 1775 comme équivalent à deux milliards ſix cents millions.

On ſait bien que ce capital eſt fort éloigné d'être celui que le gouvernement eût été tenu réellement de payer ſi l'on ſuppoſoit qu'il eût eu en 1775 la puiſſance & la volonté de rembourſer ſes créanciers. En effet, quantité d'anciens contrats ſont aux deniers cinquante & quarante. Beaucoup de nouveaux, comme ceux du domaine de la ville de Paris, & de quelques emprunts des pays d'état ſont au denier vingt-cinq. Une multitude de charges ont des gages bien inférieurs à l'intérêt au denier vingt de leurs finances primitives; mais

ces fortes de calculs fur les capitaux, qui feroient très-vains
pour établir la jufte fixation des fommes à rendre, dès qu'il
s'agiroit de rembourfemens, fuffifent au moins pour conduire à des rapprochemens très-inftruétifs des différens états
de la dette nationale à diverfes époques, fur-tout lorfque,
dans les efpaces de tems intermédiaires, les emprunts ont,
par rapport à leurs intérêts, fuivi les mêmes loix à-peu-
près.

Nous avons vu, en parlant de l'Angleterre, que vers
le même tems fa dette étoit en capital de plus de trois
millards cent cinquante millions, & en intérêts de cent
deux millions, dont environ quatre-vingt-douze millions
d'annuités perpétuelles, & dix millions d'annuités à termes.
Le capital des annuités perpétuelles étoit calculé au denier
trente-trois $\frac{1}{3}$, c'eft-à-dire, en confidérant l'intérêt à trois
pour cent du principal.

Le gouvernement anglois n'emprunte prefque jamais en
viager, ou, pour parler comme lui, en annuités à vie. Il a
d'ailleurs toujours eu fur le gouvernement françois l'avantage
d'ouvrir & de compléter fes emprunts à un tems beaucoup
plus bas. Sous Gorges Ier, les Anglois emprunterent prefque
toujours à trois & jamais à plus de quatre pour cent. Les
deux premieres années de la guerre de 1755, ils trouverent
tout l'argent qu'ils voulurent, à trois pour cent, & le refte
de la guerre à quatre & demi. Dans les emprunts qu'ils
firent dans la derniere guerre, l'intérêt moyen fut plutôt
au-deffous qu'au-deffus de cinq pour cent.

CHAPITRE IV.

Continuation du même sujet.

En hâtant, par une intervention ouverte, le moment qui devoit consacrer l'indépendance des Américains , la France crut, dans le tems, porter un coup fatal à la puissance britannique, & lui rendre avec usure les affronts qu'elle avoit reçus dans la guerre de 1755. Mais des événemens postérieurs donnent lieu de soupçonner qu'il en fût de ce calcul comme de beaucoup d'autres dans lesquels la politique s'est égarée. Les ministres françois ont pu d'autant mieux donner dans l'erreur à cet égard , que l'Angleterre fut la premiere à s'aveugler dans sa propre cause. En 1777 , personne ne s'imaginoit certainement à Londres qu'on y regretteroit peu en 1788 la perte d'un pays qu'on s'opiniâtroit alors à regarder comme essentiel à maintenir sous le despotisme parlementaire ; cependant le droit de commander à treize colonies éloignées, puissantes & indociles, étoit un droit délicat à soutenir , & plus propre à troubler sans cesse un gouvernement qu'à augmenter réellement sa puissance ; d'ailleurs l'obligation de protéger une côte de six à sept cents lieues en tems de guerre, & celle d'y entretenir en tems de paix des établissemens civils très-coûteux, entraînoient le ministere anglois dans des dépenses dont l'Amérique ne se montroit guere disposée à lui fournir les justes dédommagemens. La scission opérée entre les colonies & leur métropole

a

a libéré celle-ci de tous ces entraves, fans apporter, comme
il eft conftant maintenant, aucune diminution ni à fa navigation, ni à fon commerce extérieur. L'Angleterre ne
doit donc fe repentir que de n'avoir pas fu prévoir cette
finguliere conféquence. Si elle l'avoit preffentie, elle auroit
un moyen, en affranchiffant elle-même fes colonies, de fe
couvrir de gloire, d'étonner l'univers par un exemple unique
de fageffe & de modération, & de fe ménager des alliés
que la reconnoiffance & d'anciens rapports de mœurs & de
langage lui euffent affurés pour toujours : fes charges intérieures n'euffent point augmenté ; fon revenu feroit refté à
environ deux cents quarante millions, & fa dette a un peu
plus de trois milliards ; elle auroit encore Minorque & le
Sénégal, & la paix n'eût point été troublée dans les quatre
parties du monde.

Mais jamais l'homme d'état qui eût apperçu à l'avance
toute la fuite des événemens poftérieurs, n'auroit ofé propofer aux chambres du parlement britannique un plan qui
eût, en 1777, révolté toute la nation. Celle-ci ne vouloit
entendre alors à d'autre parti qu'à celui d'écrafer l'infurrection.
Si, dans ce tems, elle cenfuroit la conduite de fes adminiftrateurs, c'étoit, non parce qu'ils employoient la force, mais
parce qu'ils ne déployoient que des effets trop foibles à fon
gré. Une querelle, dont les feuls principes avoient été, felon
elle, l'ingratitude & un efprit de rebellion, ne devoit finir que
par la conquête des infidelles colonies à qui elle reprochoit ces
griefs.

C'eft dans ce moment peut-être qu'il eût été poffible à
la France d'adopter un autre plan de conduite que celui
qu'elle a fuivi. Elle a craint trop légérement de voir fubjuguer

H

les Américains, qu'elle pouvoit foutenir fans avouer fes fecours.
Le miniftere anglois eût continué de s'abufer fur les facilités
qu'il efpéroit rencontrer en Amérique par le moyen de ceux
qu'il y appelloit *loyaliftes*. Des armemens trop foibles n'euffent
fervi qu'à multiplier les combats & prolonger la querelle.
D'ailleurs un pays immenfe, féparé par une mer de douze
cents lieues du centre de la domination qu'il abjuroit, &
devenu idolâtre de la liberté, n'étoit certainement rien moins
que facile à réduire. Avec bien moins de moyens, & dans
une pofition beaucoup moins avantageufe, la Hollande avoit,
dans une caufe toute pareille, réfifté trente années à l'Ef-
pagne. On peut donc préfumer, avec quelque raifon,
que l'Angleterre fe feroit long-tems & inutilement épuifée.
Quant à la France, elle eût réfervé fes tréfors pour d'autres
dépenfes infiniment plus profitables que celles de la guerre la
plus glorieufe. Son revenu, qui s'eft beaucoup plus accru
par des bonifications fur d'anciens produits que par l'établiffement de nouveaux impôts, feroit devenu tout naturellement bien fupérieur à fa dépenfe ordinaire & néceffaire;
fa dette n'eût point augmenté; en un mot, la France feroit
actuellement le royaume de l'Europe le plus riche, le plus
puiffant & le plus refpecté.

Pour rendre cette vérité plus fenfible, on va dreffer, d'après
le compte publié cette année 1788, un état de la dette
publique, telle qu'elle eft en France actuellement. Ce tableau
fera encore du nombre de ceux qui peuvent fervir a plus
d'un ufage toutes les fois qu'il s'agit de finances publiques. En
le comparant avec celui dreffé précédemment, qui fe rapporte à l'année 1775, on verra les facrifices que la France
a faits, en fe déclarant ouvertement pour l'Amérique;

facrifices qui, s'ils n'ont point été totalement infructueux, n'ont au moins produit aucuns avantages qui leur foient comparables.

ETAT des rentes & intérêts qui fe paient en France en 1788, pour la dette nationale.

Rentes qui fe paient à l'hôtel-de-ville & dont l'état eft pages 189 & 190 du compte de 1788.

Rentes perpétuelles.	50,975,665 liv.
Tontines.	3,356,305
Rentes viageres.	88,125,985
Gages des payeurs & contrôleurs des rentes.	2,281,000
Intérêts des officiers des payeurs, fupprimés en 1772, qui reftent à rembourfer.	250,000
Rentes perpétuelles & viageres des emprunts faits pour le compte du roi par l'ordre du Saint-Efprit.	996,200
Rentes viageres fur l'hôpital de Touloufe.	38,000
Rentes conftituées de l'édit de décembre 1782.	950,000
Rentes conftituées de l'emprunt de cent vingt-cinq millions.	60,000

Fin des rentes qui fe paient à l'hôtel-de-ville.

L'emprunt de cent vingt millions, de novembre 1787, produit un intérêt qui court déjà du premier octobre 1787. En fuppofant.

H ij

que la totalité de cet emprunt soit consti-
tuée en viager sur une ou sur deux têtes,
ses intérêts iront à peu-près à douze millions;
mais comme il s'est probablement éteint en
1784, au moins pour un million deux
cents mille livres de rentes viageres, nous
ne porterons en augmentation que. . . 10,800,000 liv.

Intérêts & indemnités annuelles pour
acquisitions, échanges, &c. (pages 131 &
suivantes du compte de 1788). 4,218,254

> *Nota.* Il y a dans cet article pour
> un million sept cents trente-six mille
> six cents livres de rentes viageres.

Intérêts d'emprunts remboursables à termes
fixes, & d'autres emprunts, payés par le
trésor royal, (page 141 dudit compte). 20,999,500

> *Nota.* Cet article est porté au compte
> sur le pied de vingt-deux millions,
> quatre-vingt-quatre mille livres; mais
> comme il sera en 1789 moins consi-
> dérable d'un million quatre-vingt-
> quatre mille cinq cents livres, on
> ne l'a porté ici qu'à vingt-millions neuf
> cents quatre-vingt-dix neuf mille cinq
> cents livres.

Intérêts & frais d'anticipations. . . 14,860,000
Les intérêts des loteries d'octobre 1780
& d'octobre 1783 sont cumulés avec les

capitaux & primes. On les portera ici par
évaluation à.   1,500,000

Intérêts des finances des tréforiers généraux, (page 148 & fuivantes). . . .   596,000

Intérêts de charges fupprimées dans les
maifons du roi & de la reine, (page
171).   333,800

Intérêts payés pour les fonds d'avance
fournis par les fermiers généraux, (page 2).   3,748,800

Idem, pour les cautionnemens des employés des fermes, (page 3). . . .   1,177,248

Idem, pour emprunts faits par le domaine
de la ville, (page 5).   2,740,000

Intérêts des finances des receveurs généraux
& particuliers des finances, & d'une avance
de dix millions faite par les receveurs généraux en 1787, (page 12).   3,301,400

Idem, des fonds d'avance fournis par les
régiffeurs généraux & des cautionnemens
des employés de la régie, (page 18). .   1,847,725

Idem, des fonds d'avance fournis par les
adminiftrateurs des domaines & des cautionnemens de leurs employés, (page 23).   2,007,445

Intérêts des fonds d'avance fournis par
les fermiers des poftes, (page 29). . .   420,000

Intérêts annuels payés fur le produit des
poftes, (page 29)   270,000

Intérêts des fonds dépofés par les fermiers
des meffageries, (page 32). . . .   55,000

Intérêts pour ayances & cautionnemens

fournis par les fermiers des droits fur les marchés de Sceaux & de Poiſſy, (page 34). . . . . 45,000 liv.

Intérêts de l'emprunt de dix millions, ouvert à Bruxelles par les états de la Flandre maritime, (page 36). 500,000

Intérêts des fonds d'avance fournis par les adminiſtrateurs & receveurs des loteries, (page 39). 526,745

Intérêts du cautionnement des fermiers des affinages, (page 46). 15,000

Intérêts des emprunts faits par les provinces de Languedoc, de Bretagne, de Bourgogne & de Provence, évalués à. . . 5,192,350

Gages des cours de la province de Languedoc, du receveur général & des receveurs particuliers, des officiers du conſeil ſupérieur & de la chancellerie de Perpignan, évalués à. 780,000

Gages des cours de la province de Bretagne, du receveur général & des receveurs particuliers, évalués à. 430,000

Gages des cours de la province de Bourgogne, du receveur général & des receveurs particuliers, évalués à. 353,000

Gages des cours de la Provence, du receveur général & des receveurs particuliers, évalués à. 390,000

Intérêts & frais d'un emprunt fait en 1781, pour le compte du roi, par la ville de Marſeille. 155,000

Gages des cours de la province de Bearn, & intérêts d'offices supprimés, évalués à.   155,000

Gages du parlement, de la chambre des comptes & de la cour des aides de Paris, (page 4).   545,384

Gages des parlemens, chambres des comptes, conseils supérieurs, & cours des monnoies, autres que ceux ou celles désignées ci-dessus.   1,570,100

Chancelleries.   1,219,540

Grand conseil, secrétaires du roi du grand college, bureaux des finances, châtelet, élections, présidiaux, bailliages, amirautés, agens de change, &c.   4,473,370

Gages des offices du point d'honneur.   360,000

Gages des grands-maîtres & maîtres particuliers des eaux & forêts, évalués à. .   592,974

Gages des officiers de la maison du roi, (page 94).   480,000

Charges & gages sur les gabelles, suivant plusieurs états du roi, (page 5). . . .   1,710,931

Intérêts d'un ancien emprunt de trois millions par les états d'Artois, évalués à.   120,000

Fonds qui se paieront annuellement au clergé jusqu'en 1794.   1,000,000

Fonds qui se payeront annuellement au clergé jusqu'en 1802.   1,500,000

Total. . . . .   238,022,721 liv.

La somme des intérêts que l'état a maintenant à payer eft donc de deux cents trente-huit millions vingt-deux mille sept cents vingt-une livres. Pour diftraire de ce total les rentes viageres, nous allons dreffer de celles-ci un état patticulier.

Tontines. . . . . 3,356,305 liv.

Rentes viageres qui fe paient déjà à l'hôtel-de-ville. 88,125,985

Augmentations pour l'emprunt de no-vembre 1787. 10,800,000

Rentes viageres comprifes dans l'article des intérêts & indemnités annuelles, (page 131 & fuivantes du compte de 1788). . . . 1,736,600

Gages des officiers du point-d'honneur. 360,000

Fonds annuels qui fe paieront au clergé jufqu'aux années 1794 & 1802, & qui étant des annuités à termes, nous paroiffent pou-voir fe ranger avec les penfions viageres. 2,500,000

Rentes viageres fur l'ordre du Saint-Efprit, environ. 500,000

Rentes fur l'hôpital de Touloufe. . . 38,000

Total des rentes viageres en 1788. . .107,416,890 liv.
Partant, rentes perpétuelles en 1788. .130,605,831

Somme pareille. . . . . . . .238,022,721 liv.

Nous voici maintenant en état de mefurer avec une préci-fion fatisfaifante l'accroiffement de charges dont la guerre derniere a grevé la dépenfe ordinaire de la France.

La

La fomme des rentes perpétuelles eft
actuellement de. . . . . 130,605,831 l.
 Elle étoit en 1775, de. 105,117,964

Augmentation des rentes perpétuelles
depuis 1775. . . . . 25,487,867 l.

La fomme des rentes viageres eft actuellement de. . . . . 107,416,890 l.
 Elle étoit en 1775 de. 46,722,994

Augmentation des rentes viageres depuis
1775. . . . . 60,693,896 l.

Réfumant tout ce qui précede, on aura
le réfultat fuivant :

Accroiffement des rentes perpétuelles depuis 1775. 25,487,867

Accroiffement des rentes viageres depuis
1775. 60,693,896

Accroiffement des rentes, tant perpétuelles
que viageres depuis 1775. . . . . 86,181,763 l.

Nous avons vu qu'en Angleterre, les intérêts actuels de la dette publique fe montoient à. . . . . 221 millions.
 Et qu'ils fe montoient en 1775 à. . . 102 millions.

Ainfi leur accroiffement depuis 1775
eft de. . . . . 119 millions.

C'eft-à-dire que la furcharge paffive britannique depuis
1775 furpaffe la furcharge paffive françoife depuis la même
époque d'environ trente-trois millions.

I

Cette augmentation de la dette de l'Angleterre paroîtra encore bien plus confidérable relativement à l'augmentation de la dette de la France, quand ces deux augmentations, qui ne font vues ici que fous le rapport des intérêts, feront confidérées fous le rapport même des capitaux empruntés.

Il n'eft donc que trop vrais que plus de quatre-vingt-fix millions du revenu ordinaire de la France font facrifiés purement à fatisfaire aux engagemens réfultans de la guerre d'Amérique. Il eft difficile de prévoir le tems jufqu'où fe confervera dans les Etats-Unis le fouvenir du bienfait que leur a rendu le monarque françois, bienfait fi précieux pour eux, & fi chérement payé par leur protecteur ; mais l'on fait affez que les obligations morales entrent rarement dans les calculs politiques qui uniffent ou divifent les nations. Si l'Amérique fe montre fenfible & fidelle à la reconnoiffance, elle apprendra au monde qu'elle met au nombre de fes principes fur le droit des gens ceux que dicte une vertu dont l'Europe ne lui a guere donné l'exemple.

Il eft donc vrai que s'il n'y eût point eu de guerre, la dette françoife feroit, en intérêts, probablement moindre qu'elle n'eft aujourd'hui de quatre-vingt-fix millions.

Il eft donc vrai que l'excédent du revenu ordinaire fur la fomme des intérêts à payer, ou le revenu libre qui n'eft aujourd'hui que d'environ deux cents trente-quatre millions, feroit de trois cents vingt.

Il eft donc vrai que, au lieu d'avoir entre le revenu ordinaire & la depenfe ordinaire un déficit réel & ordinaire d'environ cinquante-cinq millions, on auroit un excédant réel & ordinaire de trente-un millions.

Il eſt donc vrai qu'avec une telle ſomme annuelle à employer, ſuivant la ſageſſe des adminiſtrateurs, à des établiſſemens utiles, à des encouragmens verſés à propos dans le commerce, dans les arts, & dans les manufac-tures, ou à des rembourſemens qui auroient accru chaque année cette ſomme diſponible, la France auroit vu s'intro-duire dans ſes opérations de finances & dans ſa circulation intérieure une aiſance & une rapidité de mouvement inconnue par-tout ailleurs.

Il eſt donc vrai que dans cette état de richeſſe & de proſpérité, toute puiſſance de l'Europe l'eût recherchée pour alliée, ou redouté pour ennemie.

Enfin il eſt donc vrai que ce ſeul exemple des effets de la guerre derniere, relativement au royaume pour lequel elle a été la plus glorieuſe, devroit ſuffire pour guérir à jamais les chefs des nations du funeſte goût de s'immortaliſer en pro-voquant les hommes à leur mutuelle deſtruction.

Mais revenons encore ſur la grandeur réelle des ſommes que la guerre d'Amérique à fait ſortir du tréſor royal : nous reconnoîtrons par cet examen que, dans leur conduite, les miniſtres françois ſe ſont montrés auſſi prudens que les mi-niſtres anglois ſe ſont montrés prodigues. Peut-être, objec-tera-t-on que nulle comparaiſon, entre les dépenſes des deux adminiſtrations, ne peut juſtement s'établir, quand à ce qui regarde la derniere guerre ; on dira que les Anglois réſiſtoient eux ſeuls à quatre nations, & qu'ils devoient dépenſer plus que chacune d'elles en particulier. Cela eſt très-vrai, mais dans les guerres de 1740 & de 1755 les ſituations étoient-elles les mêmes ? Or, de quel côté ſe ſont encore trouvé les plus fortes dépenſes ? La dette françoiſe

s'eft-elle accrue, comme la dette angloife, de fix cents cinquante millions dans l'intervalle de 1740 à 1749, & d'un
milliards fept cent millions dans celui de 1755 à 1763, c'eft-
à-dire, de deux milliards trois cents cinquante millions dans les
deux guerres dont il s'agit ? Non certainement. En 1721,
la dette françoife étoit, comme nous l'avons vu, d'un peu
plus d'un milliard fept cents millions au denier quarante. Pour
fuivre toujours la même échelle de comparaifon, nous dirons
qu'elle étoit alors de huit cents cinquante millions au denier
vingt. En 1779, elle pouvoit, en comptant de la même
maniere, s'apprécier à deux milliards fix cents fix millions.
Voilà donc pour la dette françoife un accroiffement feulement
d'un milliard fept cents quarante-fix millions dans l'intervalle
de 1721 à 1775.

Que voudroit-on de plus que cette comparaifon de réfultats qui portent fur un efpace de tems de plus de cinquante
ans, pour prouver que les arrêtés de Weftminfter ont été,
depuis long-tems, infiniment moins modérés que ceux du
cabinet de Verfailles, quand il s'eft agi de fixer les dépenfes
nationales ? Ce fait étoit bon à rechercher & à connoître.
Il peut fervir à fortifier encore l'amour naturel du François
pour fon pays & pour fon gouvernement. De quel prix en
effet n'eft-il pas pour lui de favoir que fon légiflateur individuel s'eft montré fupérieur en réferve & en ménagemens
au légiflateur collectif de fes voifins. Un tel exemple doit lui
faire appercevoir que fous des monarques dont l'intérêt réel
ne peut jamais être féparé de celui de leurs peuples; que dans
un fiecle de lumieres, où tout démontreroit aux rois cette
fublime vérité, quand même le penchant naturel de leurs
cœurs ne la leur rendroit pas fenfible, une nation peut fe

trouver beaucoup moins grévée de dettes & d'impôts que
fi, livrée à fes propres paffions beaucoup plus coûteufes que
celles d'un homme, elle eût elle-même géré fes propres
affaires.

Les neuf emprunts qui ont eu lieu à Londres depuis
1775 jufqu'en 1784, formoient, fuivant le tableau préfenté
précédemment, un capital de près d'un milliard fept cents
cinquante millions. La dette non fondée étoit de quatre cents
quatorze millions en 1784. Qu'on ajoute à tout cela les
cent vingt-huit millions de billets de l'échiquier, laiffés dans
la circulation, on aura pour la totalité des capitaux, empruntés dans la guerre par les Anglois, la fomme de deux milliards
deux cents quatre-vingt-douze millions, dont il ne leur refte
plus une feule livre fterling.

En France les vingt-cinq millions d'augmenttaion de rentes
perpétuelles, depuis 1775, fuppofent au denier vingt fix
cents foixante millions de capitaux empruntés. Les foixante-
un millions d'augmentation de rentes viageres & environ
vingt millions de mêmes rentes éteintes depuis le même
tems fuppofent, au denier onze, huit cents quatre-vingt-
onze autres millions prêtés au gouvernement. La fomme
de fes emprunts *réels*, depuis 1775, n'a donc certainement
pas paffé un milliard cinq cents millions; d'où il fuit
qu'il a emprunté environ huit cents millions de moins que
le parlement d'Angleterre, & il lui refte de fes fommes
empruntées une créance de trente-quatre millions que lui
doivent les états-unis d'Amérique.

Si l'on faifoit le tableau des emprunts de tout genre,
faits en France depuis 1775, on trouveroit que leur fomme
s'éleve effectivement plus haut qu'un milliard cinq cents

millions (1); mais il faudroit en même-tems faire un autre tableau qui feroit celui des remboursemens dont il s'est effectué un grand nombre en France depuis 1775, tandis qu'il ne s'en est fait aucun en Angleterre de 1775 à 1785. La différence des totaux de ces deux tableaux représenteroit l'accroissement *réel* de la dette françoise, ou la somme des emprunts réels depuis 1775. Au reste, cette marche feroit beaucoup plus longue que celle que nous avons adoptée, sans avoir peut-être un degré bien supérieur de certitude ; à cause de la difficulté de connoître au juste le montant réel de tous les emprunts & de tous les remboursemens.

Récapitulons maintenant tout ce que contiennent les trois derniers chapitres.

De 1688 à 1786, l'Angleterre s'est grevée d'une dette de deux cents vingt-un millions d'intérêts annuels, dont plus de

---

(1) D'après les nouveaux éclaircissemens sur le Compte rendu en 1781, publiés quelques jours après que l'auteur de cet ouvrage eut remis son manuscrit dans les bureaux du département des finances, il n'est plus permis de douter que la somme des emprunts faits au compte du roi, depuis la fin de 1776 jusqu'à la fin de 1787, s'élève à près d'un milliard huit cents millions. Les remboursemens, depuis la fin de 1775, ne peuvent guere s'estimer au dessous de trois cents millions. Le capital de la dette nationale s'est donc augmenté d'environ un milliard cinq cents millions. C'est cette augmentation que l'auteur du présent ouvrage appelle la somme des emprunts réels de l'état depuis 1775. Ses résultats s'accordent, comme l'on voit, avec ceux qui se déduisent du meilleur recueil que l'on puisse consulter sur les grandes opérations de finance qui ont eu lieu dans ces derniers tems.

cent foixante-trois font d'une création poftérieure à 1712.
De ces cent foixante-trois millions, cent trente-trois font des
annuités perpétuelles, & trente font des annuités à termes. Les
capitaux empruntés depuis 1721 par le parlement d'Angleterre
fe montent à près de quatre milliards trois cents cinquante
millions.

Depuis 1721, la France a ajouté, à quarante-cinq millions
de rentes perpétuelles qu'elle payoit alors, quatre-vingt-
fix millions d'autres rentes perpétuelles, & cent fept millions
de rentes viageres. Les capitaux qu'elle a empruntés depuis
cette année 1721, ne s'élevent guere au-delà de trois milliards
deux cents cinquante millions.

Par l'effet de la derniere guerre, les Anglois ont emprunté
deux milliards deux cents quatre-vingt-douze millions, &
les François feulement un peu moins d'un milliard cinq cents
millions.

Voilà ce qui concerne les dettes, quant au revenu.

Depuis cent ans, celui de l'Angleterre eft augmenté de
trois cents dix-neuf millions, & celui de France feulement
de cent foixante-quatre.

La partie du revenu Anglois, engagée pour la dette, eft
de deux cents vingt-un millions fur trois cents foixante-fept
de produit net. La partie du revenu françois, engagée pour
la dette, eft de deux cents trente-huit millions fur quatre
cents foixante-douze, defquels il y a de grandes fommes à
défalquer pour frais de recouvremens & pour primes
accordées au commerce extérieur. Nous traiterons de cette
défalcation dans un chapitre féparé. On peut feulement
avancer actuellement, ce qui fera prouvé alors, que le

revenu net de la France ne paſſe pas quatre cents trente-
neuf millions.

Il reſte donc cent quarante-ſix millions de libres dans
le revenu anglois , & deux cents un million dans le revenu
françois, c'eſt-à-dire , que le roi de France n'a que cinquante-
cinq millions à dépenſer annuellement de plus que le parlement d'Angleterre ; mais la France , comme il a déjà été
obſervé , eſt un pays ouvert , & la Grande-Bretagne eſt une
iſle. Une barriere naturelle défend celle-ci des invaſions ; des
vaiſſeaux ſuffiſent à ſa ſûreté. La France , au contraire, eſt
obligée d'avoir une marine pour protéger ſes côtes, en même-
tems que des armées & des places fortes pour défendre ſes
frontieres. Auſſi les fonds ordinaires conſacrés annuellement
en France au département de la guerre , ſurpaſſent de plus
de cinquante-trois millions les fonds conſacrés par les Anglois
à leur ſervice de terre.

On obſervera encore qu'un territoire plus étendu occaſionne
des frais plus conſidérables d'adminiſtration. Ceux des cours
de juſtice, payés par le tréſor public, ſont en France incomparablement plus grands qu'ils ne ſont en Angleterre. En
France l'état accorde annuellement de grandes ſommes pour
l'entretien des ponts & des routes publiques, tandis que
dans la Grande-Bretagne, ni les uns ni les autres ne ſont à
la charge du gouvernement ; la plupart des ponts & des
routes s'entretiennent avec les produits des droits de péage
que les voitures paient de diſtance en diſtance ſur les grands
chemins ; les autres chemins ſont faits & entretenus par
corvées , ou avec des fonds qui ne ſont jamais tirés de
l'échiquier.

On

On peut donc avancer, comme une conféquence naturelle & évidente de ce qui précede , qu'en France le revenu public eft réellement trop borné pour tous les befoins. Ce réfultat fera rendu bien autrement fenfible par les confidérations qui feront l'objet du chapitre fuivant.

K

CHAPITRE V.

Des deux déficits occasionnés par la dernière guerre dans les finances de la France & de l'Angleterre.

CE fut en 1784 que la nation angloise découvrit dans ses finances un déficit dont elle n'avoit nullement soupçonné l'existence. Tant que la guerre avoit duré, elle s'étoit soumise sans murmurer aux augmentations annuelles d'impôts, jugées nécessaires, & établies par le parlement. Telle est en Angleterre la préoccupation de tous les citoyens pour l'excellence de leur constitution politique ; telle est leur certitude, ou du moins leur persuasion, que les représentans qu'ils se font donnés dans la chambre des communes, veillent sans relâche pour la protection de leurs droits & de leurs propriétés, que tous croient facilement que les besoins seuls de la patrie sont les causes des nouvelles taxes ; en conséquence, ils les paient sans répugnance, comme le prix nécessaire de leur sûreté domestique : mais depuis le commencement de la guerre, cette résignation patriotique avoit été si souvent mise à l'épreuve, & le revenu de l'état sembloit tellement augmenté que chacun se croyoit justement fondé à regarder le moment de la paix comme celui où toutes les charges nationales devoient cesser de s'accroître. Aussi dès la première connoissance de l'existence d'un déficit, la surprise fut générale & le découragement extrême. Livrée tout-à-coup à ce que la censure a de plus amer, la conduite des administrateurs fut recherchée jufques dans fes moindres cir-, conftances; un cri univerfel s'éleva contre eux; en un mot, on n'héfita point de reprocher la ruine de la nation à ceux-là même qui l'avoit fauvée.

Rien n'étoit cependant fi naturel que cette première effervefcence : habitué à faifir d'un coup-d'œil l'ordre & la fuite de fes affaires privées, le fimple particulier s'imagine affez naturellement qu'il eft au pouvoir d'un miniftre de diriger d'un point de vue auffi général les affaires d'un grand royaume. Toute l'Angleterre eut peine à croire qu'un vide dans les finances publiques de plus de vingt-cinq millions, à l'eftimer par les intérêts, & de plus de fix cents millions à l'eftimer par les capitaux, pût s'être formé, fans qu'on pût raifonnablement accufer les précédens miniftres des finances d'une fucceffive & coupable obftination à cacher aux peuples fon exiftence & fes graduations ; cependant ce déficit n'étonna aucun des hommes d'état de l'Europe, qui favent tous ce qui arrive dès qu'il eft queftion de tableaux & de rapprochemens des dépenfes de plufieurs vaftes départemens. Aucun d'eux n'ignore que dans une guerre, les engagemens publics fe multiplient fous une telle variété des formes que néceffairement un bon nombre échappe occafionnellement à la prévoyance de l'adminiftrateur, & même ne fe découvre à lui que graduellement dans la liquidation générale. On conçoit delà que tout ce qu'il peut faire, eft feulement de preffentir que ces fortes d'engagemens doivent finalement monter fort haut ; mais les apprécier d'avance avec quelque degré de précifion, c'eft ce qui paffe fes forces & fa puiffance.

Auffi, en Angleterre, où chaque année il faut rendre

des comptes au parlement, il avoit été impoffible de comprendre dans ces tableaux annuels ce qui pouvoit concerner
une multitude de dettes courantes , qui fe contractoient à la fois
dans les quatre parties du monde. Il falloit donc néceffairement que l'Angleterre fe trouvât , fans le favoir , grevée
d'une multitude d'engagemens du genre que nous venons
d'indiquer. Voilà la caufe du déficit anglois , dont on n'a
guere parlé en France. On ne s'y eft occupé que du déficit
françois, qui fait aujourd'hui une fi vive fenfation & qui
de fon côté a eu fa principale origine dans les engagemens
contractés pendant la durée & à la fuite de la guerre , &
dans les augmentations de dépenfes reconnues indifpenfables de divers départemens ; mais toujours eft-il vrai que
les finances des deux nations fe font trouvées dans deux
états très-analogues de gêne & d'épuifement. Telles font
les circonftances, véritablement malheureufes , arrivées dans
les deux pays à la fuite d'une querelle qui ne pouvoit guere
en produire d'autres.

Nous avons déjà mis fous les yeux des lecteurs la lifte
des emprunts faits par l'Angleterre depuis 1776 jufqu'en
1783 , année de la paix. La fomme d'annuités, ajoutées par
ces emprunts à la dette nationale antérieure à 1776 , fe
montoit à plus de quatre-vingt-huit millions de France.
A l'effet d'affurer le paiement la plus grande partie de ces
nouvelles annuités , on avoit impofé à perpétuité pour environ
quatre-vingt-deux millions de nouvelles taxes ; le refte s'étoit
trouvé facilement dans la partie du revenu qui faifoit avant
la guerre le fonds d'amortiffement. En 1784 , un nouvel
emprunt, de près de cent quarante millions, ajouta plus de fept
millions à la fomme des intérêts à payer, & occafionna une

augmentation à-peu-près femblable dans la maffe des impôts.
C'eft à la fuite de tout cela, c'eft après une furcharge déjà
exiftante, de près de quatre-vingt neuf millions de taxes de
création récente, que les contribuables apprirent qu'il leur
reftoit encore à combler un déficit ordinaire de vingt-cinq
autres millions.

Il n'eft pas indifférent de préfenter à des lecteurs françois
la fituation des finances de la Grande-Bretagne en 1784.
Ils y reconnoîtront que la détreffe actuelle des finances de
leur pays eft à-peu-près la même que celle qu'on vit alors
dans les finances du peuple avec lequel ils font le plus jaloux
de comparer leur nation ; cependant ce peuple a fu tout
rétablir quand tout paroiffoit défefpéré. Il s'eft réfolu à de
nouveaux efforts, parce que la fituation de fes finances,
au moment de cette funefte crife, ne comprometoit rien
moins que fa gloire, fon crédit & fa fûreté. De nouvelles
contributions ont été d'autant plus promptement arrêtées
qu'elles étoient plus indifpenfables. Cette nation jouit maintenant du prix de fon courage & de fa réfignation. Sa tran-
quilité intérieure n'a point été troublée. La confiance ordinaire
a reparu dès que le parlement, par l'établiffement des nouvelles taxes qui ont porté le revenu ordinaire à trois cents
foixante-fept millions, eut non-feulement affuré le paiement
de l'intérêt total de la dette nationale, mais même confacré
annuellement vingt-trois millions à un fonds d'amortiffement,
jugé néceffaire au maintien du crédit public. Les manufactures, le commerce, la navigation, l'agriculture, & tous
les arts créateurs de la richeffe, femblent être en Angleterre
auffi floriffans que jamais ; & c'eft dans une induftrieufe
activité que les citoyens cherchent & trouvent encore les

dédommagemens des tributs immenfes qu'ils paient à la patrie.

Il y a un peu moins de deux ans que la nation françoife a fu qu'il exiftoit auffi dans fes finances un déficit. Les recherches des notables ont préparé, & le compte du gouvernement, publié par ordre du roi au mois de mars dernier, a completté la connoiffance de fa nature & de fon étendue. On voit dans ce compte qu'il a fallu au miniftre des finances de ce tems une recette extraordinaire de cent foixante-un millions pour être juftement fondé à penfer qu'il pouvoit faire face à toutes les obligations de l'année 1788. Au premier mot, cette fomme eft effrayante; mais il fuffit de s'arrêter un inftant fur fon véritable emploi, pour fentir combien l'allarme feroit mal fondée, & combien le citoyen françois, le plus jaloux de l'honneur de fon pays & du bonheur de fes compatriotes, a de juftes raifons pour nourrir dans fon ame le calme & la confiance. Près de foixante-dix-fept millions, employés à des rembourfemens, & vingt-neuf millions confacrés à des dépenfes extraordinaires, propres pour la plupart à l'année 1788, ou a un petit nombre d'années fuivantes, réduifent à cinquante-cinq millions la fomme qui étoit réellement néceffaire pour élever la recette ordinaire au niveau de la dépenfe ordinaire. Il n'eft pas poffible de prétendre que le déficit réel foit autre chofe que cette fomme de cinquante-cinq millions. Les Anglois ne fe fervent point d'autre méthode pour balancer leur recette & leur dépenfe. Ils comparent la recette ordinaire à la dépenfe ordinaire; & fuivant que la feconde eft fupérieure ou inférieure à la première, ils reconnoiffent l'exiftence d'un déficit ou d'un excédent de moyens pécuniaires pour fatisfaire aux engagemens pécuniaires de la nation.

Peut-être objectera t-on à cette méthode, que, dans un grand État, il est impossible qu'il n'existe chaque année un article considérable de dépenses extraordinaires, & qu'ainsi quoique chacune de ces dépenses soit effectivement propre à telle ou telle année, l'article entier doit être regardé comme une obligation ordinaire, qui seulement se reproduit tous les douze mois sous une forme différente.

Mais dans ce que les administrateurs anglois appellent dépenses ordinaires, se trouvent compris des fonds qui servent une année à une chose, & l'année suivante à une autre, & ces fonds sont rangés dans la classe des besoins ordinaires, parce qu'on sait très-bien qu'un grand royaume, outre ses besoins annuels d'un genre fixe & déterminé, en a d'autres également annuels qui, quoique variables dans leur nature, ont néanmoins une certaine étendue, dont il est possible à l'expérience de marquer les limites ordinaires.

Mais, au-delà de ces limites, toutes dépenses doivent être regardées comme extraordinaires.

En lisant le Compte publié dans le mois de mars dernier, & pour peu d'ailleurs que l'on connoisse les détails des opérations dans chaque département des finances, on verra que la dépense ordinaire comprend un grand nombre de ces dépenses variables, qui n'ont point été rangées dans la classe des dépenses extraordinaires. Celle-ci ne contient absolument que celles qui rigoureusement en doivent porter le nom.

Le déficit qui existe dans les finances de la France, à le compter suivant la seule méthode qui soit naturelle & précise, suivant la méthode usitée depuis long-tems en Angleterre, n'est donc que de cinquante-cinq millions. On a vu précédemment que celui qui exiſtoit en 1784 dans les finances angloiſes étoit moindre de trente millions. Au premier moment, cette différence ſemblera ſans doute aſſez conſidérable pour faire craindre que l'équilibre entre la recette & la dépenſe ne ſoit beaucoup plus difficile à rétablir en France qu'il n'a été en Angleterre ; mais pour peu qu'on approfondiſſe plus particuliérement l'état des choſes, on verra combien cette crainte ſeroit vaine & peu fondée.

Dans l'intérêt annuel payé par l'échiquier d'Angleterre, il ne ſe trouve que pour trente millions d'annuités à termes. C'eſt environ un ſeptieme de la dette angloiſe. Les ſix autres ſeptiemes conſiſtent en rentes perpétuelles. Dans les intérêts payés par la France, il ſe trouve plus de cent ſept millions de rentes viageres ; c'eſt preſque la moitié de la dette fran-çoiſe. Comme les deux peuples comptent, à bien juſte titre, l'un ſes annuités à termes, l'autre ſes rentes viageres, dans ſes dépenſes ordinaires, il s'enſuit que lorſque ces annuités à termes & ces rentes viageres ſeront éteintes, la France, toutes choſes égales d'ailleurs, aura ſur l'Angleterre un avan-tage de ſoixante-dix-ſept millions, par rapport à la portion de ſon revenu ordinaire qui ſe trouvera libérée.

Le compte de 1788 annonce vingt millions de bonifica-tions prêtes à s'opérer dans les diverſes parties de la recette. De même il fait preſſentir la poſſibilité de pluſieurs nou-velles économies dans les articles de la dépenſe. Les retran-chemens très-conſidérables que ſa majeſté a faits ſi généreu-ſement & ſi promptement dans ſa maiſon, ceux qui ont eu lieu dans la maiſon de la reine & dans celles des princes, les réformes qui ont ſuivi dans le département de la guerre & dans pluſieurs autres, ne laiſſent aucun doute ſur les

véritables

véritables & paternelles intentions d'un roi que l'on voit
recourir à tous les moyens possibles de diminuer la somme
des nouvelles contributions que les circonstances rendent
indispensables; mais puisque l'on doit, avant cinq ans, s'attendre à vingt millions de bonifications dans les anciens produits, cette somme, jointe aux réductions qui doivent se faire
encore dans les dépenses, abaissera certainement à moins de
trente millions les nouvelles contributions dont il s'agit ici &
qui seules peuvent faire disparoître le déficit réel. On verra
alors en France le revenu ordinaire suffire à la dépense
ordinaire, au moins aussi complétement qu'en Angleterre,
& que dans tout autre royaume de l'Europe. Mais sans nous
étendre davantage en ce moment sur cette matiere, il nous
paroît suffisant d'avertir ici que nous la reprendrons bientôt,
en parlant de la distribution & de l'emploi que le parlement
de la Grande-Bretagne fait de ce qu'il appelle le revenu
ordinaire de la nation.

Bien des gens soutiennent qu'il est malheureux que le gouvernement françois ait si fort multiplié ses emprunts en viager. Certainement, si l'on considere que cent sept millions de
rentes viageres, qui se paient actuellement, seroient remplacés
par tout au plus soixante millions de rentes perpétuelles, si
les onze à douze cents millions que ces emprunts en viager
ont procurés, avoient été empruntés à cinq pour cent à perpétuité, on ne pourra s'empêcher de convenir que, dans cette
supposition, ne se trouvant presque point de déficit, les
finances seroient regardées actuellement comme dans le meilleur état desirable & possible ; que nulle alarme ne se feroit
annoncée dans la nation, & même que l'on croiroit peut-

L

être abfolument inutile de defirer une augmentation de revenu.

Il en faudroit néanmoins une, toute auffi confidérable que celle qu'on peut regarder comme indifpenfable dans les circonftances préfentes. Quelques confidérations bien fimples vont rendre cette affertion d'une évidence fenfible.

Un affez bon nombre d'auteurs modernes ont démontré la folie qu'il y auroit de vifer à rembourfer entiérement la dette nationale, quand même le gouvernement feroit certain de s'en procurer les moyens. Déjà cette matiere a été traitée par des écrivains politiques, anglois & françois, du plus grand mérite, & des idées vraiment lumineufes ont été préfentées fur cette grande queftion, fi intéreffante dans l'adminiftration des finances; mais s'il eft vrai, d'un côté, qu'il feroit injufte d'accabler véritablement la génération préfente pour libérer entiérement les générations futures, & qu'il feroit très-nuifible à la circulation d'ôter aux commerçans & aux banquiers la reffource des placemens momentanés dans les fonds publics, de l'autre côté, il n'eft pas moins vrai qu'il eft de toute néceffité, pour maintenir le crédit public & prévenir des vacillations dangereufes dans les prix des effets fur la place, & par conféquent dans les fortunes des capitaliftes, de rembourfer annuellement une portion, peu confidérable à la vérité, de la dette non-exigible. Cette opération, foutenue conftamment & fans qu'aucune autre partie de la dépenfe nationale en fouffre, eft la feule qui conftate au citoyen & à l'étranger, par une preuve de fait, & par conféquent indubitable, que les moyens pécuniaires du gouvernement font au moins fupérieurs de quelque chofe à fes engagemens exigibles. Elle annonce une furabondance réelle; elle rend tout le monde certain que, chaque année, l'adminiſtration a eu de quoi pourvoir à tout, & que per-ſonne ne lui a fait une répétition juſte & fondée qu'elle n'ait eu des moyens pour y ſatisfaire.

D'un autre côté, ce ſuperflu de revenu aſſure à une puiſ-ſance la conſidération & le reſpeſt des peuples voiſins. Un gage exiſtant, connu & toujours prêt à être offert à des capitaliſtes en garantie d'intérêts, en cas d'emprunt, ne laiſſe aucun doute ſur la promptitude avec laquelle cette puiſſance pourra raſſembler des fonds, armer & ſe rendre formidable; c'eſt alors que la faculté de commencer la guerre d'un inſtant à l'autre fait qu'elle ne la commence point, & qu'une longue paix lui donne les moyens d'accroître annuellement ſa véritable force.

C'eſt pour avoir cet excédant de revenu que, dans la ſup-poſition même qu'il n'y eût eu en France aucun emprunt en viager, ni par ſuite aucun déficit, un accroiſſemrnt d'impôt ſeroit encore à ce moment rigoureuſement indiſpen-ſable, & pour rendre la ſomme deſtinée anuellement à des rem-bourſemens ſuſceptible de produire des effets ſenſibles, cette ſurcharge d'impôts n'auroit pu guere être moindre que trente millions.

Mais, dira-t-on, on voit bien clairement que dans l'hypo-theſe de tous emprunts faits à perpétuité, il ſeroit réſulté, de l'établiſſement de ces trente millions de nouvelles taxes, l'exiſ-tence d'un fonds propre à l'amortiſſement partiel de la dette publique; mais dans la maniere d'être aſtuelle des choſes, avec les cent ſept millions de rentes viageres, ſuppoſant

le peuple preſſuré annuellement de ces trente millions nouveaux, il pourra bien ne plus exiſter de déficit, ou peu
s'en faudra ; mais on ne voit paroître aucun excédant de
revenu, qui puiſſe donner un fonds d'amortiſſement.

Il n'exiſteroit pas, il eſt vrai, au premier inſtant du nouveau cours libre & aſſuré que cet accroiſſement de revenu
de trente millions ne manqueroit pas de faire prendre à
toutes les opérations de finances ; mais il ne tarderoit pas à
naître, par l'effet de ſeules extinctions des rentes viageres. Il
ne faut pas perdre de vue qu'elles forment une charge annuelle
de cent ſept millions, qui doit diſparoître inſenſiblement. Que
chaque année, la partie du revenu, devenue libre par les
extinctions, ſoit conſacrée à former le fonds d'amortiſſement
qui doit être permanent, il ne tardera pas à atteindre le
terme auquel ſans doute il ſera prudent de le borner. Avant
dix ans, le calcul des probabilités le garantiroit ſupérieur
à vingt-cinq millions ; c'eſt peut-être là qu'il conviendroit
de l'arrêter. Il reſteroit encore plus de quatre-vingt millions
de rentes extinguibles, qui donneroient à la France la perſ-
pective certaine d'une ſurabondance future de moyens pécuniaires, infiniment ſupérieure à ſes beſoins. On voit même
évidemment que s'il ne ſurvient aucune nouvelle guerre, les
impôts qu'il eſt actuellement néceſſaire d'établir, devenant
inutiles & ſuperflus, pourroient être, ainſi que pluſieurs
anciens, retranchés des charges du peuple.

Si donc, à prendre rigoureuſement les choſes dans l'état
où elles ſont, l'établiſſement de trente millions d'impôts nouveaux ſuffiſoit pour donner au François l'eſpoir juſte &
fondé d'une richeſſe & d'une puiſſance nationale auſſi

confidérables, qu'il compare fon fort avec celui de l'habitant de la Grande-Bretagne. Celui-ci paie fa portion de cent vingt-huit millions de nouvelles taxes créées depuis 1775 ; le François contribue déjà pour fa part aux foixante-cinq millions dont fa nation a vu croître fes charges depuis la même époque. Les nouveaux trente millions qu'on impoferoit, ajoutés à ces foixante-fept millions, n'éleveroient jamais la furcharge récente qu'à quatre-vingt-dix-fept millions ; elle n'égaleroit encore que les trois-quarts de la furcharge britannique de même date.

On peut fe repréfenter encore cet accroiffement récent des charges publiques en France fous un autre jour, & l'on verra, d'une maniere bien plus fenfible, combien, dans le même intervalle de tems, elles font devenues plus confi-dérables dans la Grande-Bretagne. Les calculs de M. Necker nous ont appris qu'il exifte en France, fans y comprendre la Corfe, vingt-quatre millions fix cents foixante feize mille individus. Georges Chalmers, qui en affigne huit millions à l'Angleterre feule, y compris la province de Galles, nous induit, par les recherches les plus plaufibles & les plus ingénieufes, à penfer qu'on peut raifonnablement fuppofer la population entiere de toute l'ifle de la Grande-Bretagne égale à neuf millions cinq cents mille habitans. Si donc l'on divife quatre-vingt-dix-fept millions de livres par vingt-quatre millions fix cents foixante-feize mille, & cent vingt-huit millions de livres par neuf millions cinq cents mille, on aura trois livres dix-huit fous fept deniers pour la furcharge moyenne de chaque individu François, & treize livres neuf fous fix deniers pour celle de chaque individu Britannique, depuis 1775.

Il est donc vrai qu'en France l'état des finances publiques sera aussi bon & aussi assuré qu'il l'est aujourd'hui dans la Grande-Bretagne, quand la nation aura été amenée à un effort qui n'a été déjà que trop retardé. Qu'elle considere que la nation angloise en a fait un, incomparablement plus grand, sans en avoir reçu l'exemple d'aucune autre. Le peuple françois l'a reçu d'elle & peut en profiter. N'est-ce donc point une vérité, généralement connue des peuples & de leurs administrateurs, qu'il ne suffit pas de nos jours à une nation d'être plus valeureuse que les autres dans les combats; que toute sa force est soumise au calcul; que c'est lui seul qui, par de justes combinaisons, en fixe & regle les effets, & qu'enfin la supériorité de puissance reste au gouvernement qui compte le mieux? Habitués depuis deux siecles à calculer les forces, actives & réactives, des diverses parties intégrantes du corps politique qui les régit, les ressorts multiples de leur complexe administration, les rapports qui, pour le maintien du crédit & de la circulation, doivent exister entre les charges & les moyens, entre la dépense & le revenu, il n'est pas surprenant, que les Anglois aient arrêté & mis sur le champ à exécution le seul parti qu'ils avoient à prendre pour prévenir en 1784 les désordres qui sembloient devoir résulter de la détresse de leurs finances. Forts de leurs connoissances, acquises par une longue expérience, ils n'ont vu autre chose, dans l'existence d'un déficit, que la nécessité des réformes dans les dépenses, & ensuite la nécessité de s'imposer, puisque le premier moyen se trouvoit évidemment insuffisant. Dans une circonstance toute pareille, que fera donc un monarque françois, & quels sentimens animeront son peuple. La gloire & la sureté du prince & des sujets sont également compromises.

On a vu , par ce qui s'eft paffé en France depuis un an ,
que le prince n'a pas héfité à mettre en ufage le premier des
moyens auxquels il lui convenoit de recourir. Par fes ordres
immédiats , une économie nouvelle a retranché une partie
des dépenfes. Jufque-là , il ne prefcrivoit que des facrifices
qui lui étoient perfonnels ou des plans qui fimplifioient les
refforts de la force publique fans l'affoiblir. Les uns lui coû-
toient peu; les autres flattoient fon amour général pour
tout ce qui tient aux méthodes fimples & économiques. La
promptitude avec laquelle ces premieres opérations ont été
réfolues & commencées atteftent aux fujets que leur fouverain fe fût trouvé d'autant plus heureux de guérir le mal
tout entier avec ces feuls remedes , qu'ils n'ajoutoient rien
au fardeau des impofitions publiques. L'idée de l'aggraver eft
celle qui a paru le plus répugner à fon cœur ; mais la nature
même des chofes s'oppofoit à ce qu'il pût goûter la fatif-
faction de n'établir aucun nouvel impôt. Les détails précédens
doivent rendre cette vérité fenfible à tous les lecteurs. Jufqu'ici
on ne s'eft peut-être pas affez attaché à la mettre dans tout
fon jour; jufqu'ici on s'eft exagéré les maux qui exiftent ,
& l'on n'a pas affez obfervé qu'ils font moindres que les
maux qui ont affailli un peuple, moins nombreux & moins
riche , qui cependant a fu très bien s'en relever. Auffi
n'a-t-on encore apperçu, ni l'indifpenfable néceffité de la
réfignation à fupporter une médiocre addition de charges ,
ni la certitude de la confolation & des dédommagemens qui
naîtront infailliblement des circonftances mêmes.

Enfin il eft à croire qu'une pareille lenteur ne fe repro-
duira plus , quand il s'agira de porter un jugement fur les
véritables néceffités du fifc. La publicité des comptes de

recette & de dépenfe , des graces accordées par le fouverain ,
& en un mot de tout l'emploi des deniers publics , étoit la
meilleure voie que le gouvernement pouvoit prendre pour
mettre le plus fimple particulier , comme le plus grand
feigneur , à même de fe faire une image fidelle & générale
des vrais befoins de l'état , & de juger à l'avance quand
de nouvelles contributions feront néceffaires pour y fubvenir. D'année en année , chaque citoyen pourra fuivre la
filiation des opérations relatives aux finances , & fe former
lui-même une jufte opinion fur leur état réel.

Avant l'adoption de ce plan , fi fimple & fi convenable
à une adminiftration fage & integre , par quelles lumieres
l'opinion publique pouvoit-elle s'éclairer dans ces matieres
fi importantes? D'un côté , quelques réfultats généraux , fans
appui de détails ni de preuves , inférés dans les préambules
des édits, annonçoient ce qu'il falloit penfer de la fituation
des chofes; mais quelle inftruction pouvoit naître de ces
réfultats ifolés , & fi rapidement offerts qu'il étoit impoffible
de les rapprocher les uns des autres pour faifir & appercevoir leur mutuelle liaifon? D'ailleurs , quelque générale
que pût être la difpofition des citoyens à croire à des
expofés faits par des miniftres que le roi honoroit de fa
confiance , ne devoit-il pas arriver fréquemment qu'on attri-
buât quelque caractere factice à ces rayons de lumiere,
dont l'éparfe émiffion n'avoit lieu que dans des momens de
befoins? D'un autre côté, des corps intermédiaires, refpectés
à jufte titre de toute la nation, à caufe de l'importance des
pouvoirs à eux confiés par le fouverain, femoient fouvent
des alarmes peu fondées, en fe livrant à un zele inconfidéré,
pour empêcher l'accroiffement, néanmoins néceffaire de l'impôt.

Sans

fans fonger que les dépenfes du gouvernement augmentent naturellement par l'élévation des prix , & forcément par les intérêts à payer pour les fonds empruntés dans le tems & à la fuite des guerres , ils repréfentoient en toute occafion cet accroiffement de l'impôt comme l'effet feulement des abus. Il eft vrai que, ne recevant de l'adminiftration aucunes lumieres fuffifantes fur les faits réels, ils étoient réduits à n'affeoir leurs raifonnemens que fur des bafes hypothétiques. Leurs affertions , confidemment promulguées dans des écrits adreffés au fouverain lui-même , reftoient fans être difcutées. Auffi , toutes fauffes qu'elles étoient fouvent , elles ne manquoient jamais , au détriment du crédit public, de s'accréditer trop généralement ; cette effet étoit naturel. Les peuples devoient croire que les magiftrats dont étoient compofées ces compagnies fi anciennes & fi révérées, ne produifoient leurs opinions fur des matieres fi différentes de celles qui concernoient leurs fonctions ordinaires, qu'après avoir fu préalablement fe procurer des moyens particuliers d'inftruction, bien fupérieurs à ceux que de fimples fujets pouvoient obtenir.

Telles ont été jufqu'à ces derniers tems les feules voies par lefquelles les François pouvoient apprendre ce qu'ils avoient à craindre ou à efpérer de l'état des finances publiques. On conçoit que des méthodes auffi étranges ne devoient produire qu'obfcurités & qu'incertitudes dans les fpéculations privées qui par leur nature fe lient fans ceffe aux affaires publiques. Des principes fouvent faux , & des expofés infuffifans donnoient lieu , chaque année , à des conféquences fucceffivement incohérentes , & le crédit public

M

varioit comme ces réfultats illufoires. Maintenant une lumiere entiere, & généralement répandue, lui procurera du moins un certain degré de ftabilité. Des caufes réelles feules, pourront l'élever ou l'abaiffer. Il ne dépendra plus de celles qui n'avoient leurs fources que dans les erreurs de l'imagination ou dans les fuggeftions de l'intérêt privé.

CHAPITRE VI.

*De l'application du revenu ordinaire de la Grande-Bretagne
à ses diverses dépenses ordinaires.*

SUIVANT les comptes présentés au parlement d'Angleterre par M. Pitt, en mars 1786, le revenu ordinaire de
la Grande-Bretagne se montoit alors à quinze millions trois
cent quatre-vingt-dix-sept mille quatre cent soixante-cinq
livres sterling, ou, en prenant vingt-trois livres trois sous
six deniers tournois pour la valeur de la livre sterling, à
trois cent cinquante-six millions huit cent trente-six mille
deux cent cinquante-une livres tournois.

Voici la proportion suivant laquelle ce revenu total fut
distribué entre les différens départemens de l'administration.

liv. tournois.

Pour les intérêts de la dette nationale
en y comprenant ceux des cent vingt-huit
millions de billets de l'échiquier laissés dans
la circulation, & les frais de paiemens. · 220,945,096

Pour la liste civile (1). · · · · 20,857,500

(1) En Angleterre les dépenses comprises sous la dénomination de
la liste civile, sont toutes celles qui ont rapport au gouvernement
civil, comme celles de la maison du roi, les appointemens des

	livres tournois.
Pour la marine.	41,715,000
Pour l'armée.	37,080,000
Pour l'artillerie.	8,064,900
Pour la milice.	2,108,925
Pour divers services.	2,721,300
Revenu affecté à certains objets distincts de la dette publique.	1,542,018
Pour certaines charges du revenu établi.	1,497,105
Excédent pour former le fonds d'amortissement.	21,304,407
Somme pareille.	356,836,251 liv.

officiers de l'état, des juges & de tous les serviteurs du roi, les traitemens des ambassadeurs, la dépense de la reine & de toute la famille royale, enfin les pensions & gratifications qu'il plaît au roi d'accorder sur sa bourse privée. C'est le roi seul qui regle & détermine l'emploi des deniers de la liste civile. Leur somme, fixée & arrêtée par le parlement au moment où le roi monte sur le trône, ne peut plus être diminuée de tout son regne. Elle devient une partie des finances de l'état dont le roi dispose à son gré, & par rapport à laquelle il est hors de la dépendance du parlement ; mais à chaque renouvellement de regne, le parlement rentre dans le droit de diminuer, si bon lui semble, cette somme qu'il accorde au nouveau prince pour sa liste civile ; & celui-ci ne peut statuer sur aucune de ses dépenses, qu'après cette premiere concession de la nation. Les divers objets qui sont à la charge de la liste civile, sont si nombreux qu'on est étonné que le roi d'Angleterre puisse y suffire avec une somme annuelle qui ne va guere qu'à vingt millions tournois ;

Tel fut l'ordre que M. Pitt propofa d'établir entre le revenu & la dépenfe de la Grande-Bretagne ; telles furent les fommes qu'il lui parut néceffaire d'affigner ordinairement aux divers fervices de la chofe publique. Cette diftribution fut évidemment combinée de maniere à obtenir deux réfultats qu'on defiroit également de préfenter à la nation. Le premier étoit de montrer que le revenu ordinaire étoit plus grand que la dépenfe ordinaire d'une année de paix ; le fecond étoit de montrer encore que cet excédant de revenu annuel montoit affez haut pour former un fonds d'amortiffement, & procurer annuellement une quotité fenfible d'extinctions d'engagemens publics par des methodes équivalentes à des rembourfemens. Ce qui donne plus lieu de foupçonner cet arrangement

---

mais il eft bon de remarquer que le chef de la nation britannique eft toujours auffi économe dans l'emploi des moyens laiffés à fa difpofition que la nation elle-même eft prodigue & libérale dans toutes les occafions qui lui femblent intéreffer fa fûreté ou fa gloire.

La fomme affectée à la lifte civile eft donc déterminée pour toute la durée d'un regne ; elle fe prend fur la partie du *revenu établi à perpétuité* : mais la nation britannique, pour ôter à celui qui a le pouvoir exécutif, tout moyen d'altérer la conftitution, a jugé néceffaire d'agir tout autrement par rapport aux deniers deftinés à l'entretien de l'armée & de la flotte. Les taxes qui les fourniffent, & qu'on nomme pour cette raifon fubfides annuels (annual grants), ne font établies que pour un an, & font renouvelées chaque année par le parlement. Il réfulte de cette difpofition des chofes, que le roi peut bien lever des troupes & ordonner l'équippement des flottes, mais il ne pourroit fubvenir aux dépenfes de leur entretien, fi le parlement n'intervenoit annuellement pour la levée des deniers néceffaires.

factice, c'eſt que depuis le moment qu'il a été arrrêté, la dépenſe annuelle de la Grande-Bretagne a toujours ſurpaſſé ſon revenu annuel. Prenons pour exemple l'année même 1786, dans laquelle furent préſentés les comptes de M. Pitt.

livres ſterling.

Dans cette année 1786, par une délibération parlementaire du 13 février (1), il fut accordé pour dix-huit mille hommes au ſervice de la marine, à raiſon de quatre livres ſterling par mois pour chaque homme, pour toute l'année. . . . . 936,000 l.

Par une délibération du 2 mars, il fut accordé pour le ſervice ordinaire de la marine, y compris la ſolde des officiers à demi-paie. . . . . . 692,326 l. 18 sh. 8 d.

Et pour nouvelles conſtructions, réparations & entretiens de vaiſſeaux, travaux dans les ports, magaſins, &c. . . . 800,000

Total accordé en 1786 pour la marine britannique. . . 2,428,326 l. 18 sh. 8 d.

(1) Pour tous les détails ſuivans, on peut conſulter l'*Annual. regiſter* de l'année 1786, *public papers*, page 109, 179, 180, 181 & 182.

C'eft-à-dire, que ce total a furpaffé de fix cent vingt-huit mille trois cent vingt-fix livres fterling dix - huit shellings huit deniers la fomme défignée par M. Pitt pour être celle que demandoit annuellement le fervice de la marine, & qu'il avoit fixé à un million huit cent mille livres fterling, ou quarante-un millions fept cent quinze mille livres tournois.

livres fterling.

Par une délibération du 10 février 1786, il fut accordé pour dix-fept mille fix cent trente-huit hommes du fervice de terre. . . . . 647,005 l.

Pour les troupes aux ifles Antilles & à Gibraltar. . . 234,160 l. 5 sh. 11 d.

Pour divers articles du département de la guerre. . . 116,106 8 2 $\frac{3}{4}$

Le 29 mars, il fut accordé pour les divers fervices de l'extraordinaire des guerres. . 638,662 12 4

Pour les officiers réformés des troupes de terre & de mer. 172,666 10 5

Pour les officiers réformés des gardes à cheval. . . . 333 9 7

Pour les penfionnaires de Chelfea. 175,016 7 2

Pour quelques autres articles

livres fterling.

peu confidérables du départe-
ment de la guerre. . . . . 59,779 l. 4 sh. 3 ¼ d.

  Total accordé en 1786 pour
l'armée britannique. . . . 2,043,729 l. 19 sh. 2 ¼ d.

  C'eft-à-dire , que ce total a furpaffé de quatre cent quarante-
trois mille fept cent vingt-neuf livres fterling dix-neuf shellings
deux deniers ¼ la fomme défignée par M. Pitt , pour être
celle qui demandoit annuellement le fervice de terre & qu'il
avoit fixée à un million fix cent mille livres fterling.

          livres fterling.

  Par deux délibérations , des 7
mars & 7 juin 1786, il fut
accordé pour l'artillerie. . . 346,877 l. 17 sh. 1 d.

  A divers époque de l'année
1786, il fut accordé :

  Pour acquitter certaines dettes
de la lifte civile. 210,000

  Pour l'établiffement civil de
la nouvelle Ecoffe. . . . 3,851 17 6

  Pour celui de l'ifle de Saint-
Jean. 1,900

  Pour celui des ifles Bahama. 2,660

  Pour celui du cap Breton. 2,100

  Pour celui de New-Brunf-
wick. 4,300

livres ſterling.

Pour les forts & les établiſ-
femens de la côte d'Afrique.　13,000

Pour les dépenſes extraordi-
nàires de la monnoie. . . 14,939 l. 5 sh. $\frac{1}{4}$ d.

Pour divers autres articles. 502,648　18　3

Le 7 mars, il fut accordé
pour la réduction de la dette
nationale, ou pour le fonds
d'amortiſſement. 1,000,000

Total pour l'artillerie, le
fonds d'amortiſſement, & pour
divers ſervices. . . . . 2,102,277 l. 17 sh. 10$\frac{1}{4}$ d.

*Récapitulation des dépenſes de la Grande-Bretagne pour
l'année 1786.*

livres ſterling.

Pour la marine. : : : 2,428,326 l. 18 sh. 8 d.

Pour l'armée. : : . 2,043,729　19　2$\frac{1}{4}$

Pour l'artillerie, pour le
fonds d'armortiſſement, & pour
divers autres ſervices. . . 2,102,277　17　10$\frac{1}{4}$

Pour la milice. . . . 91,000

Pour la liſte civile. . . 900,000

Pour les intérêts de la dette

N

livres fterling.

nationale & des billets de
l'échiquier, & pour frais de
paiement. 9,533,769

Pour certaines charges du
revenu établi. 64,600

Partie du revenu établi af-
feété à divers objets diftinéts
de la dette public. . . . 66,538

Total de la dépenfe britan-
nique en 1786. . . . . 17,230,241 l. 15 sh. 8½ d.

Cette fomme revient à un peu plus de trois cent quatre-
vingt-dix-neuf millions de France. On a vu précédemment
qu'en 1786, la recette angloife s'éleva à trois cent foixante-
fept millions. Le gouvernement britannique dépenfa donc cette
année-là trente-deux millions par-delà fon revenu ; c'eft ce
qui peut s'appeller encore un *déficit*.

Il eft vrai que dans la dépenfe, il fe trouve compris
un article d'un million fterling, ou d'environ vingt-trois
millions de France, employé à l'extinction d'une portion
de la dette publique.

Mais il réfulte toujours de ce qui précede, que pour
cette année 1786, le revenu britannique a été moins confidérable que la dépenfe néceffaire & indépendante des rembourfemens d'une fomme d'environ neuf millions.

Il y a eu auffi, en 1787, une différence entre la recette
& la dépenfe.

D'où l'on peut conclure évidemment que le gouvernement anglois, pour être à l'aise dans ses opérations de finance, aura besoin de recourir à de nouvelles taxes, à moins qu'il ne s'opere naturellement des bonifications considérables dans les produits de celles qui sont déjà établies. •

Il y a lieu de croire sur-tout que le produit net des douanes peut être susceptible de quelque accroissement. De toutes les parties du revenu public anglois, c'est celle dont le recouvrement coûte le plus de frais. La levée de cet impôt coûte quinze pour cent du produit net, tandis que celle des droits de l'excise ne coûte cinq & demi pour cent. Suivant beaucoup d'auteurs anglois, ce déchet si considérable sur le produit des douanes vient d'anciens abus qui ont infecté cette partie de l'administration fiscale dans des tems beaucoup moins éclairés que ceux-ci ; & ces abus se sont tellement enracinés, que jusqu'ici tout le zele réformateur des ministres des finances n'a rien pu contre eux. Ils ont toujours été protégés & défendus par la subtilité des subalternes qui en profitent : tant il est vrai que le bien public rencontre, dans toutes les contrées de l'univers, à-peu-près les mêmes obstacles. En tout tems & en tout lieu, l'intérêt privé sera constamment son plus ardent & son plus ingénieux ennemi. Les droits d'excise, qui sont d'une création bien postérieure à celle des droits de douanes, ont été garantis soigneusement de l'intrusion de tous ces abus dans tous les actes qui tiennent à leur recouvrement ; chaque année leurs produits augmentent naturellement & graduellement en Angleterre, comme doivent faire en tout pays riche les produits de tous droits assis sur les consommations. Le commerce & l'industrie concourent continuellement à grossir le nombre des consommateurs

N ij

& à étendre avec leur aifance leurs facultés pour con-
fommer.

Si l'on vouloit regarder les trente-deux millions qui ont
formé en 1786 un déficit bien véritable dans les finances
britanniques, comme formant feulement une dépenfe extraordinaire propre à l'année 1786, & à quelques années fuivantes,
cet article pourroit s'oppofer à celui des vingt-neuf millions
de dépenfes extraordinaires qui fait partie du compte du
gouvernement du mois de mars dernier. Sous ce point de
vue, on trouveroit que la dépenfe angloife a fes articles
extraordinaires comme la dépenfe françoife; mais il convient
beaucoup mieux de regarder la plus grande partie de ces
trente-deux millions comme étant l'objet d'une dépenfe ordinaire, parce qu'en effet elle eft appliquée à des chofes conf-
tantes ou qui varient peu.

Les finances britanniques font donc encore bien certainement dans l'état d'une gêne réelle, quoique leurs adminiftrateurs aient fait tous leurs efforts pour la voiler au yeux
de la nation & des étrangers. Les circonftances ont prouvé
inconteftablement l'infuffifance du revenu exiftant, puifque
les fommes néceffaires pour la dépenfe ordinaire de certains départemens font plus grandes que celles qu'on avoit
fuppofées, en mars 1786, devoir leur fuffire.

CHAPITRE VII.

Des défalcations à faire sur le revenu ordinaire de la France, pour le ramener à un état qui le rende comparable à ce qu'on appelle revenu ordinaire dans la Grande-Bretagne.

I L a été dit, dans le chapitre second, que les trois cent soixante-sept millions qui forment actuellement le revenu britannique ordinaire, sont le produit *net* de toutes les espéces de taxes perçues en Angleterre & en Ecosse, qui sont destinées à entrer dans l'échiquier. On a eu soin d'avertir que ce produit n'y arrive qu'après déduction faite de tous les frais de perception & des gratifications connues sous les dénominations de *bounties* & de *draw-backs* que le gouvernement anglois accorde au commerce. Tout cela conduit naturellement à quelques nouvelles confidérations dont il convient maintenant de s'occupper. Elles feront d'une extrême importance toutes les fois qu'il s'agira de comparer la richeffe & la puiffance des deux adminiftrations, angloife & françoife.

La premiere de ces confidérations qui fe préfente à l'efprit eft celle-ci: La maniere de calculer la recette du roi de France eft fort différente de la méthode décrite précédemment, par laquelle les Anglois calculent le montant des fommes qui entrent annuellement dans leur échiquier. En France, il eft d'ufage d'employer à-la-fois deux méthodes dans les comptes généraux des dépenſes publiques. Par la premiere on, dreſſe un tableau général de tous les objets qui compoſent la recette pour le roi ; mais dans cette recette ſont compris en totalité divers articles qui néanmoins ſupportent en déduction un grand nombre de frais de perception , ou d'honoraires de fermiers régiſſeurs, receveurs généraux & particuliers , &c. qui ſont payés par le roi. Ces frais abaiſſent conſidérablement le montant des ſommes réelles dont il lui reſte à diſpoſer. Un effet de cette premiere méthode eſt donc de faire croire le gouvernement beaucoup plus riche qu'il n'eſt effectivement. Par la ſeconde, on déduit ſur chaque article de la recette , non-ſeulement tous les frais & honoraires dont nous venons de parler, mais auſſi quantité d'autres ſommes qui ſe paient ſur ces articles avant que leurs produits ſoient envoyés au tréſor royal. Il réſulte de-là un tableau des ſommes *nettes* qui entrent dans cette caiſſe , laquelle acquitte avec cette recette une certaine claſſe de dépenſes , dont les fonds ſont invariablement fournis par elle. On ſent combien l'une & l'autre de ces deux méthodes ſe rapportent peu à la maniere par laquelle les Anglois trouvent que leur revenu national monte à trois cent ſoixante-ſept millions. Si donc, de ce que le revenu ordinaire , ſuivant le compte du gouvernement, de mars 1788, s'éleve en France à quatre cent ſoixante-douze millions, on concluoit qu'il exiſte entre les deux revenus une différence de cent cinq millions à l'avantage du revenu françois, on prendroit une idée très-fauſſe du rapport des moyens pécuniaires qui ſont à la diſpoſition des deux gouvernemens. Les trois cent ſoixante-ſept millions du revenu britannique entrent *net* dans l'échiquier d'Angleterre ; mais les quatre cent ſoixante-douze millions du revenu du roi de France font bien éloignés de lui refter également en totalité, puifqu'il s'en déduit conftamment de grandes fommes, pour frais de recouvrement & de régie à fon compte, & pour certaines primes qu'on diftribue pour l'encouragement du commerce. Il eft donc indifpenfable de dreffer l'état de toutes ces déductions pour en connoître au jufte l'étendue, & pour défalquer leur montant des quatre cent foixante-douze millions qui femblent entrer annuellement dans les coffres de fa majefté & qui n'y entrent pas. Ce n'eft qu'après toutes ces opérations que fon revenu, dégagé de toutes ces charges, fe trouvera ramené abfolument à l'état dans lequel les Anglois confiderent toujours leur revenu national.

On fent parfaitement combien des calculs numériques, fi longs & fi multipliés, préparent d'ennui aux lecteurs; mais ces calculs font abfolument inévitables dans le genre de recherches qui font l'objet de cet Ouvrage. Eux feuls peuvent mener à la connoiffance de faits & de vérités très-importantes à bien connoître. Si faftidieufe que puiffe fembler une carriere, on doit peu craindre de s'y engager quand à fon terme on apperçoit des avantages précieux à recueillir.

L'état fuivant ne fera compofé que d'articles extraits du dernier compte du gouvernement, du mois de mars 1788. Pour conftater d'autant plus facilement la fidélité de ces extraits, on a eu foin de défigner marginalement les pages de ce compte d'où font tirés ces divers articles.

ET AT des sommes à déduire des quatre cent soixante-douze millions du revenu ordinaire du roi de France, en conséquence des observations précédentes.

Déductions sur les produits de la ferme générale.

Pag. 2. Honoraires des fermiers généraux, à raison de trente mille livres chacun.   1,320,000 liv.

Frais de leurs bureaux particuliers, à raison de trois mille six cent livres chacun.   158,400

Remise aux fermiers généraux sur les produits régis par eux. . .   1,004,166

P. 4. Frais de comptabilité aux différentes chambres des comptes du royaume.   150,086

P. 4. Frais du compte général de la ferme à Paris.   26,000

P. 6. Appointemens, loyers & frais de bureaux de l'administration chargée du département de la ferme générale.   102,000

P. 4, 5, & 7. Indemnités diverses aux fermiers généraux, pour franc-salés & vins des privilégiés; aux employés de la ferme générale, pour la quarante-unieme place de fermier général supprimée; à M. le duc d'Aiguillon, &c.; trois autres indemnités garanties aux fermiers

généraux

généraux en conféquence des articles
1, 2 & 16 du bail de Mager. . . 1,365,084 liv.

Pag. 7. Sommes que le roi déduit fur le
prix du bail jufqu'à la parfaite clôture de Paris. 1,220,000

P. 7. Autre fomme déduite du prix du
bail, jufqu'à la converfion en argent
des privileges dont jouiffent fur les
droits d'entrée de Paris plufieurs
établiffemens publics. 974,000

P. 8. A déduire auffi les deux millions
d'excédant éventuel fur les objets
régis par les fermiers généraux, &
dont le recouvrement paroît fort
incertain. 2,000,000

Nota. Le produit ordinaire
des fermes générales, fuivant
le compte de 1788, eft de.. 153,066,875 l.

Les déductions précédentes
fe montent à. . . . 8,319,736

Produit net des fermes
générales. .. . . . 144,747,139 l.

*Déductions fur les produits des recettes
générales.*

P. 12. Droits d'exercice des receveurs
particuliers & des receveurs généraux

O

de Bordeaux & d'Auch. . . . . 136,530 liv.

Remife & taxations des prépofés & collecteurs, des receveurs particuliers & des receveurs généraux. . 5,276,210

Gratifications aux receveurs particuliers. 1,310,620

Frais de rôles, appointemens des directeurs & contrôleurs de vingtiemes. 730,000

Décharges & modérations fur les pays conquis & d'élections. . . 2,552,990

Frais de comptes, épices & dépenfes communes. 455,900

Nota. Le produit ordinaire des recettes générales, fuivant le compte de 1788, eft de... 155,161,280 l.

Les déductions précédentes fe montent à. . 10,462,250

Produit net des recettes générales. . . . 144,699,030 l.

Déduction fur la régie générale.

P. 18. Non-jouiffances défignées page 18 du compte de 1788. . . . 765,000

Droits de préfence des régiffeurs. 56,000

Remife à raifon de huit deniers pour livre fur cinquante-un millions du produit de la régie. . . . 1,700,000

Frais particuliers d'adminiftration.   88,000 liv.

Remplacement aux principaux employés pour une vingt-fixieme place fupprimée. 40,250

Appointemens & frais de bureaux du département de la régie générale. . 29,950

Nota. Le produit de la régie générale, fuivant le compte de 1788, eft de.... 51,940,000 l.
Les déductions précédentes fe montent à. 2,679,200
Produit net de la régie générale. . . . . 49,260,800 l.

Déductions fur l'adminiftration des domaines.

P. 23. Non-jouiffances défignées page 22 du compte de 1788. . . . 240,000

Traitement fixe des vingt-huit adminiftrateurs. 1,260,000

Indemnités aux employés de la précédente adminiftration pour une vingt-fixieme place fupprimée. . . 34,000

Frais relatifs à l'adminiftration. . 124,323

Fourniture de papiers & parchemins. 340,000

Loyer, réparation & entretien de l'hôtel 60,000

Honoraires du conseil d'adminiftration. : . . . . . .   10,000 liv.

Aux procureurs du roi des bureaux des finances, & frais de pro-
cédures à la charge du roi. . .   70,000

Charges locales, rentes affignées
fur les domaines.   1,187,198

P. 23. Frais de juftice.   3,025,952

Réparations aux bâtimens des domaines.   995,307

Dépenfes communes pour frais de
comptes.   40,685

Dépenfes relatives à l'adminiftration des eaux & forêts, par évaluation.   2,873,987

Nota. La recette de l'adminiftration des domaines ,
fuivant le compte de 1788,
eft de. . . . . . .   50,340,000 l.

Les déductions précé-
dentes fe montent à.   10,261,452

Produit net de l'adminif-
tration des domaines. . .   41,078,548

Déductions fur les autres objets du revenu.

P. 27. Frais de régie pour les revenus
cafuels & le marc d'or. . . .   50,000

P. 29. Remifes & indemnités aux fermiers des poftes. . . . . . .   916,000 liv.

Traitement & honoraires des perfonnes attachées à la ferme des poftes.   599,016

P. 39. Indemnité accordée aux établiffemens qui participoient aux bénéfices des loteries fupprimées. . . .   1,775,441

Frais de régie de la loterie royale de France.   710,000

Remife aux adminiftrateurs. . .   70,000

P. 43. Frais relatifs à la fabrication des monnoies, à déduire du bénéfice des monnoies, par évaluation. . . .   200,000

P. 50. Remife annuelle à la province de Languedoc, pour fubvenir aux dédomagemens des mauvaifes récoltes, orages, inondations, &c. . .   400,000

P. 60. Indeminités accordées à la Provence, pour augmentation du prix du fel.   200,000

Taxations du receveur général & des receveurs particuliers du Languedoc, décharges & modérations fur la capitation, par évaluation. .   60,000

Idem Pour la Bretagne. . .   32,000

Idem Pour la Bourgogne. . .   15,000

Idem & indemnité pour la Provence, par évaluation. . . .   80,000

Idem pour le Bearn. . . .   45,000

(110)

P. 4. Primes accordées par le gouvernement pour le transport des morues dans les colonies françoises &
dans les ports étrangers de l'Europe,
pour le commerce du nord , pour la
traite des noirs, &c. 2,593,715

Total des sommes à déduire du
revenu de la France, en conséquence
des observations qui ont précédé. 39,468,906 liv.

Suivant le compte de 1788, le revenu du roi de France
est de quatre cent soixante-douze millions quatre cent quinze
mille cinq cent quarante-neuf livres ; mais pour tenir compte
de tout ce qui en fait réellement partie, il convient d'y
ajouter les objets suivans, qui ne font point compris dans
ce résultat général du compte de 1788.

P. 49. Les quatre sous pour livre de la
capitation, rachetés par la province
de Languedoc pour dix années,
moyennant trois millions une fois
payés, évalués de produit annuel à. 350,000 liv.

P. 49. Somme imposée par la même province pour les fourrages des troupes,
étapes, lits & convois militaires , &c. 398,355

P. 53. Les quatre sous pour livre de la
capitation, rachetés par la Bretagne,
pour dix ans, moyennant une somme
de quatre millions une fois payés,
évalués de produit annuel. . . . 460,000

P. 53. Somme impofée par la même province pour étapes, fourrages & frais de logement de troupes. . . 750,000 liv.

P. 57. Les quatre fous pour livres de la capitation rachetés par la Bourgogne, pour dix ans, moyennant une fomme de douze cent mille livres une fois payée, évalués de produit annuel. . 140,000

Somme impofée par la même province pour étapes, fourrages & frais de logement de troupes, par évaluation. 180,000

Somme impofée par la Provence pour pareilles fournitures aux troupes. 336,000

Don gratuit du clergé, qui peut fe regarder comme équivalant à un produit annuel d'environ. . . . 3,500,000

Somme des objets à ajouter au revenu. . . . . . . 6,114,355 liv.

Revenu ordinaire fuivant le compte de 1788. 472,415,549

Somme qu'on peut regarder comme le revenu total. 478,529,904

Somme qu'on a trouvé précédemment devoir en être déduite pour le rendre comparable au revenu qui entre dans l'échiquier de l'Angleterre. 39,468,906

Revenu du roi de France ramené à l'état du revenu qui entre dans l'échiquier de l'Angleterre. . . 439,060,998 liv.

Du moins voilà le revenu du roi de France fort rap-
proché de l'état du revenu britannique tel qu'on confidere
celui-ci ordinairement. Néanmoins il y auroit témérité réelle
d'affurer que ces deux états font maintenant dans une homo-
généité parfaite. Pour y parvenir, il faudroit, fur tous les
articles de la recette de la France, des détails beaucoup plus
étendus que ceux qui fe trouvent dans le compte de cette
année; mais ce qui eft évident, par la nature même des
chofes, c'eft qu'avec l'aide de tous ces détails qui nous
manquent, il y auroit plutôt à rabattre fur les quatre cent
trente-neuf millions qui viennent d'être trouvés pour réfultat
définitif, qu'à y ajouter. Anfi en adoptant la proportion
de quatre cent trente - neuf à trois cent foixante - fept,
entre les revenus de France & d'Angleterre, il eft fûr
qu'on fuppofera le premier plus riche encore, par rapport
au fecond, qu'il ne l'eft en réalité.

CHAPITRE

CHAPITRE VIII.

Confidérations générales fur les dépenfes des gouvernemens de France & d'Angleterre, & fur l'augmentation devenue indifpenfable du revenu public dans le premier de ces deux royaumes.

Au moyen des défalcations détaillées dans le chapitre précédent, on peut maintenant confidérer les revenus de la France & de l'Angleterre dans deux états homogenes, & par conféquent les comparer l'un à l'autre. L'un eft de quatre cent trente-neuf millions, tandis que l'autre eft de trois cent foixante-fept millions; il exifte donc en France une fupériorité réelle de recette de foixante-douze millions.

Mais les intérêts annuels à payer pour la dette publique fe montent en France à deux cent trente-huit millions, & en Angletere à deux cent vingt-un feulement. Des engagemens, contraêtés pour les dépenfes du tems paffé, mais qui par leur nature n'en font pas moins facrés & moins inviolables, prennent donc annuellement fur le revenu françois dix-fept millions de plus que fur le revenu anglois. Par conféquent la fomme libre applicable aux dépenfes du tems aêtuel, n'eft en France que de cinquante-cinq millions plus grande qu'en Angleterre. C'eft ce même réfultat qu'on a déjà annoncé précédemment, à la fin du chapitre quatrieme; mais il n'étoit alors appuyé d'aucune démonftration.

P

Maintenant on ne peut guere en contester la certitude; ou
du moins, par une suite des réflexions qui terminent le
chapitre précédent, il est sûr que ce surplus de revenu disponible, que la France a réellement par comparaison avec
l'Angleterre, est beaucoup plutôt au-dessous qu'au-dessus de
cinquante-cinq millions.

Mais, qu'il nous soit permis de le répéter encore, est-ce
avec cinquante-cinq millions seulement de plus de revenu
disponible, qu'un roi de France peut subvenir à toutes les
dépenses nécessaires dans un empire si différent de celui
de la Grande-Bretagne, par l'étendue & par la situation des
parties qui le composent ? Les deux états ont des charges
communes & presque semblables, dont il seroit étranger à
l'objet présent de faire le détail; mais il est important de
remettre sous les yeux du lecteur celles qui existent en France
sans avoir lieu en Angleterre, de même que celles qui sont
beaucoup plus considérables en France qu'en Angleterre.

En France, la dépense ordinaire du département de la
guerre vient d'être réduite; & cependant elle se monte
encore à plus de cent millions. En Angleterre, les fonds
accordés pour l'armée, pour l'artillerie & pour la milice,
montent ensemble à quarante-sept millions seulement.

En France, la dépense de la maison du roi; celle des mai-
sons de la reine, des enfans de France & des princes; celles
qui ont rapport au conseil de sa majesté, aux intendans des
provinces, aux cours de judicature; les fonds accordés au
département des affaires étrangeres; enfin quelques autres
dépenses qui, de même que les précédentes, corres-
pondent toutes à celles de la liste civile en Angleterre montent à plus de cinquante-six millions : la liste civile du

gouvernement anglois ne forme en total qu'un objet de vingt-un millions.

En France la dépense ordinaire des ponts & chaussées, des ports maritimes, des canaux & de la navigation intérieure, des turcies & levées, & du pavé de Paris, prend annuellement sept à huit millions sur le revenu du roi. En Angleterre, il n'en coûte rien à l'échiquier pour tous ces objets, qui reçoivent par d'autres voies les fonds qui leur sont nécessaires.

L'étendue du royaume, la multitude des familles titrées, & certaines particularités qui tiennent à la constitution, rendront toujours en France la liste des graces, accordées par le souverain, plus considérables qu'en Angleterre. Aussi l'article des pensions forme-t-il lui seul cette année un objet de vingt-sept millions dans la dépense ordinaire du roi. Il est vrai que l'intention de sa majesté est qu'il soit réduit par la suite à quinze millions; mais il ne se trouve point dans la dépense de la Grande-Bretagne d'article analogue à celui-ci : les pensions accordées par le gouvernement se paient sur les fonds attribués aux différens départemens.

En France les fonds nécessaires pour les établissemens & les possessions des grandes Indes, pour l'entretien de leurs fortifications, pour la solde de leurs garnisons & de leurs gouvernemens, sont fournis par le trésor public; en Angleterre c'est la compagnie des Indes qui, avec son revenu, pourvoit à toutes ces dépenses & les épargne à l'état.

En France la diversité des cultures & des produits du sol, dans les différentes parties du royaume, mettent souvent le gouvernement dans le cas d'accorder de grandes remises

fur les impofitions, ou de diftribuer des fommes confidérables pour le foulagement des provinces qui ont fouffert dans
leurs récoltes. En Angleterre, où la principale &, pour-
ainfi-dire, la feule culture eft celle des grains, les variations
dans les produits font beaucoup moins fréquentes & les
remifes d'impofitions moins fouvent néceffaires. La taxe en
faveur des pauvres, qui forme une contribution générale
qui s'élève à près de cinquante millions, offre des fecours
toujours prêts pour le foulagement des malheureux, &
d'ailleurs la richeffe générale des fermiers & des agriculteurs
eft telle qu'ils fupportent ordinairement des dommages momentanés, fans avoir befoin d'affiftance étrangere pour fe
relever de ces pertes. De plus, dans la Grande-Bretagne, le
produit de l'impôt fur les terres ne paffe pas quarante-fept
millions ; en France la taille, les deux vingtiemes & les
quatre fous pour livre en fus du premier, dans les pays
d'états & dans les pays d'élections, peuvent s'eftimer de
cent quarante à cent quarante-cinq millions de produit ;
conféquemment les remifes d'impofitions, quand il devient
néceffaire d'en faire, font, toutes chofes égales d'ailleurs,
beaucoup plus confidérables dans le fecond pays que dans
le premier.

Les confidérations précédentes ne portent point fur des
affertions hypothétiques; elles ont pour principes & pour bafes
des faits réels. Quiconque voudra s'en procurer une vérifi-
cation complette, n'aura befoin que de confulter & de mettre
en oppofition, article par article, les états fommaires des dépenfes des deux royaumes. Il trouvera facilement que, chaque
année, la dépenfe ordinaire de la France, en y comprenant
ce qui a rapport à la dette publique & à tous les départemens,

doit dépaffer néceffairement celle de l'Angleterre de plus de cent vingt-cinq millions.

Le revenu de l'Angleterre eft trop foible encore pour fes dépenfes. Ceci a été développé dans le chapitre VI ; comment donc pourroit-on s'imaginer jamais que celui de la France feroit fuffifant avec cent vingt-cinq millions de plus à payer, & feulement foixante-douze millions de plus à recevoir annuellement ? Depuis que cette infuffifance exifte, quels ménagemens & quelles méthodes d'économie! l'adminif-tration françoife n'a-t-elle pas dû employer pour rallentir les progrès d'un mal que cette difette de moyens devoit néceffairement occafionner ? A quel fomme énorme ne monteroit pas le déficit françois, fi dans les guerres de 1742 & de 1755 ; fi dans celle qui a valu à l'Amérique une fi prompte jouiffance de fa liberté, ce gouvernement s'étoit montré auffi prodigue que l'a été le parlement britannique.

Cependant fi l'on s'étoit réfolu à l'établiffement de quelques impôts très-modiques, dans toutes les circonftances où il commençoit à fe découvrir quelqu'inégalité entre la recette & la dépenfe ordinaires, fi ces impôts avoient été de la nature de ceux qui pefent le moins fur l'agriculture & fur les claffes pauvres & nombreufes du peuple, fi furtout l'adminiftration eût toujours expofé aux regards de la nation la fageffe & la précifion de fes calculs, le crédit public fe feroit uniformément foutenu, il n'auroit effuyé d'autres ofcillations que celles que produifent ordinairement les bruits ou les commencemens de guerre. L'état, en trouvant beaucoup plus de bourfes ouvertes pour lui fournir les fommes extraordinaires dont il a eu befoin à différentes

époques, auroit été libre de varier bien davantage les formes
de ses emprunts; probablement il eût fait moins d'usage
de ceux en viager, & maintenant il ne se trouveroit aucun
vide dans ses finances.

Toute la nation sera bientôt assemblée; elle jugera elle-
même sa véritable position. Dès qu'elle en aura approfondi
les détails, elle s'exprimera sans doute avec la vivacité qui
lui est propre, sur la reconnoissance dont elle se sentira
pénétrée pour les ménagemens paternels qui ont caractérisé
la conduite de ses souverains depuis soixante ans; elle statuera
elle-même sur l'augmentation devenue indispensable du revenu
public. L'établissement de quelques impôts nouveaux sera
arrêté avec d'autant moins de répugnance, que rien n'oblige
de les asseoir à perpétuité; ils peuvent être combinés de
maniere à cesser graduellement à mesure que les extinctions
des rentes viageres abaisseront les dépenses, & rendront inutiles les additions faites au revenu, en considération seulement
des nécessités présentes.

Il est si notoire que le désordre actuel des finances ne peut
disparoître qu'en élevant le revenu & en rétablissant l'équilibre entre la recette & la dépense; il est si certain que, lorsque
les vingt millions de nouvelles bonifications, annoncées dans
le compte du gouvernement, seront une fois effectuées, il
n'y aura d'autre ressource qu'un accroissement de taxes pour
opérer cette augmentation du revenu public; il est si évident
qu'elle doit aller à trente millions si l'on se contente d'atteindre le point d'équilibre, & même à quelque chose de
plus si l'on veut que cet équilibre ait quelque degré de sta-
bilité & de permanence; toutes ces conséquences, en un mot,

se déduisent si simplement des exposés précédens, que la nation françoise n'a point réellement à délibérer sur le parti qu'elle doit prendre. Point de milieu : il faut ou imposer de nouvelles taxes, ou violer les obligations contractées envers les créanciers de l'état. Pourra-t-on balancer un instant dans le choix entre deux moyens dont le second couvriroit d'un opprobre éternel l'être vil qui ne craindroit pas d'en faire la motion au milieu du sénat françois, & la nation elle-même, si par une résolution, imputable seulement à un délire & à un aveuglement général, elle venoit à en adopter l'usage?

D'ailleurs si la force d'un gouvernement dépend sur-tout de son crédit, & s'il ne peut jamais s'attirer la confiance des nationaux & des étrangers que par des actes & par un systême soutenu, de droiture, de justice & d'intégrité, à quelle détresse ne se réduiroit pas une administration, en se jouant de ses engagemens les plus solemnels? Est-ce en portant la misere & la désolation au sein de la nation con-fiée à ses soins? est-ce en y ruinant le commerce, en y détruisant la circulation, qu'elle espéreroit devenir plus tranquille au-dedans & plus redoutable au-dehors? L'effet seroit bien étrange. Il en est un autre qu'il paroîtra sans doute plus naturel de conjecturer : Détestée dans l'intérieur de l'empire, sans crédit & sans force publique, l'administration, qui se seroit ainsi déshonorée, auroit en même tems porté le coup le plus funeste à sa propre puissance.

Quel est au reste l'appât trompeur, quels sont les attrayans prestiges que déja plusieurs fois une logique, inconsidérée

& perverfe, a ofé mettre en avant pour attirer l'attention du gouvernement fur les prétendus avantages d'une banqueroute publique ? On a dit : deux cent trente-huit millions à prendre annuellement fur le revenu de l''état pour les intérêts de fa dette, font une charge accablante. C'eft cette obligation qui tarit la fource de la richeffe du gouvernement. Qu'il s'en délivre une bonne fois, & dès l'inftant même il acquiert la faculté de faire aux peuples la remife de la plus grande partie de ces deux cent trente-huit millions de taxes ; feulement il en laiffera fubfifter une foible portion pour fe conferver une certaine furabondance de recette qui fera fa vie & fa puiffance. Telle eft la conféquence féduifante, préfentée pour ébranler la religion du fouverain, & même pour fuborner une partie de la nation contre l'autre. Ceux des citoyens qui n'ont rien dans les fonds publics, & qui fentent tout le poids de l'impôt, regardent les rentiers de l'état comme formant une claffe onéreufe & dévorante, qui épuife toutes les autres.

Pour mettre en évidence la futilité de tels paradoxe, pour prévenir l'illufion que pourroit faire naître leurs conféquences erronées & menfongeres, les lecteurs nous permettront fûrement une courte digreffion fur l'analyfe de la richeffe des nations & fur les effets antérieurs de leur induftrie & de leur activité. On fait qu'un de ces effets eft 1°, une accumulation de capitaux qui multiplie les atteliers de travail & affure de nouvelles fources d'occupation aux claffes laborieufes ; 2°. un acccroiffement continuel de la claffe des gens aifés & en état d'opérer de grandes confommations ; 3°. enfin une faculté générale de payer un plus grand

nombre

nombre de taxes & conféquemment de maintenir pendant longs-tems un rapport d'égalité entre le revenu & la dépenfe publique.

Chaque année le commerçant, le manufacturier & l'agriculteur retirent de leur travail une certaine quantité de profits, dont le montant total varie extrêmement. Il dépend d'une multitude de circonftances particulieres, mais beaucoup plus encore de la fituation des affaires publiques, de la tranquillité nationale au-dedans & au-dehors, & du mouvement plus ou moins libre & animé de la circulation générale. Le commerçant, le manufacturier, & l'agriculteur n'ont jamais eu que deux manieres de faire fructifier ces capitaux accumulés par leur activité & leur économie. Ils les ont reverfés dans de nouvelles opérations du même genre que celles qui les avoient enrichis, ou ils les ont prêtés au gouvernement. La premiere méthode a produit cette extenfion immenfe donnée de nos jours au commerce, aux manufactures, à la navigation & à tous les genres de cultures. La feconde a procuré au gouvernement la facilité de contracter un dette énorme. Cette dette n'exifte donc que parce qu'une partie, & une très-grande partie, de la richeffe de la nation eft venue fe dépofer dans la caiffe publique. Si la caiffe publique arrêtoit fes paiemens, fi les créanciers de l'état fe voyoient fruftrés pour jamais de l'intérêt de leurs capitaux, toute cette partie de la richeffe de la nation fe trouveroit anéantie ; elle repréfente au moins les économies de foixante années, puifqu'elle forme un capital de quatre à cinq milliards, & qu'une telle accumulation de capitaux

Q

a dû certainement demander cet efpace de tems pour s'effectuer (1).

La nation reviendroit, dans cette fuppofition, pofitivement à l'état dans lequel elle étoit, pour la richeffe, il y a foixante ans ; mais alors la fomme d'impofitions qu'elle payoit, même avec difficulté, ne paffoit pas deux cent foixante millions ; Elle ne pourroit donc, la banqueroute effectuée, fournir qu'à un pareil revenu public. Sans aucune fouftraction de taxes, le gouvernement verroit tout naturellement fa recette annuelle baiffer de deux cent millions par l'effet pur & fimple de la diminution opérée dans l'aifance générale & dans les confommations : où feroit alors le bénefice dont on lui préfente l'efpoir ? Il auroit moins à recevoir comme moins à payer.

L'avantage de la banqueroute feroit donc nul pour l'adminiftration, les chofes étant confidérées fous le rapport de la recette & de la dépenfe ; mais pourroit-on également démontrer la nullité des autres effets qui fuivroient cette aviliffante démarche ? Sans parler des rentiers de l'état, dont un grand nombre feroient précipités dans l'indigence, tous les malheureux artiftes, ouvriers & manœuvres à quatre francs à & trente fous par jour, qui travaillent aux divers

_____

(1) Sur la fin du fiecle dernier, Grégoire King, dans fes obfervations politiques, évaluoit dans la Grande-Bretagne l'accumulation annuelle de profit à un million huit cent mille livres fterling, ou à près de quarante-deux millions de France.

objets de la confommation de ces rentiers, tant que ceux-ci font riches, manqueroient fubitement de travail. Eux & leurs familles feroient fans pain. Le trouble & la défolation fe communiqueroient de proche en proche à tous les ordres de citoyens. Combien de fortunes, qui dépendent de celles des particuliers à qui le roi doit, tomberoient au moment d'une cataftrophe qui feroit univerfelle dans toute l'étendue du royaume! Elle livreroit peut-être la moitié des familles françoifes aux horreurs de la mifere & du défefpoir.

On dira peut-être que la nation revenant au point où elle étoit il y a foixante années, tout iroit maintenant comme alors : tout le monde vivoit, tout le monde trouveroit bien le moyen de vivre. Non, tout le monde vivoit dans un ordre de chofes, avenu infenfiblement, & chacun avoit eu le tems de fe placer dans une pofition qui lui affuroit fa fubfiftance. Dans l'horrible convulfion que l'on fuppofe, chacun au con-traire fe trouveroit jetté loin de fa place, perdu dans une multitude d'individus accablés comme lui, fans travail, enfin fans efpoir de fecours au milieu d'une calamité générale.

Mais heureufement ces lugubres & défaftreufes images ne font crayonnées que d'après des fituations purement hypo-thétiques. Nous fommes loin de la fcène fur laquelle fe paf-feroient de telles horreurs. S'il eft un moment où la fécu-rité des créanciers de l'état doit être parfaite, c'eft celui-ci. Ce n'eft point lorfque le monarque veut parler à tout fon peuple & délibérer avec lui fur le choix des moyens les plus propres à affurer fon bonheur, qu'une claffe de la nation, fût-elle moins nombreufe & moins importante que celle des rentiers de l'état, peut craindre de fe voir facrifiée. Les vues d'un roi juste feroient bien mal faifies, fi les mefures qui feront adoptées ne s'étendoient pas à-la-fois au bien-être, à la fatisfaction de tous fes fujets, au maintien des droits de chaque individu & à la confervation de fa propriété.

La fomme des nouvelles taxes qu'il eft devenu néceffaire d'établir, n'eft point fi exceffive que la nation ne foit encore en état de les fupporter. Nous parlerons bientôt des circonftances défavantageufes qui, fans doute, feront dans les premiers tems regarder ces impofitions additionnelles comme un poids énorme ajouté aux chages déjà exiftantes ; mais la difficulté des recouvremens diminuera à mefure que le crédit public & la circulation rena îtront. L'exemple de ce qui s'eft paffé depuis dix ans dans la Grande - Bretagne, doit faire évanouir les craintes & les alarmes auxquelles on pourroit fe livrer à cet égard.

Cette furaddition à des charges déjà très-confidérables eft certainement un très-grand malheur ; mais au point où en font les chofes, elle eft abfolument néceffaire ; & ce qui pourra fervir d'encouragement & de confolation aux contribuables, c'eft que, fi l'état politique de l'Europe permet à la France de refter feulement douze ou quinze années en paix, tous les malheurs des derniers tems feront reparés, leurs traces même feront effacées, & le produit des nouvelles taxes devenant graduellement fuperflu, rien n'empêchera de les fupprimer enfin entiérement.

Mais s'il n'exifte aucun moyen de fe paffer actuellement de leurs produits, il eft du moins effentiel de rendre leur fardeau le plus léger qu'il fera poffible pour les peuples. Ce qui doit faire dans les états généraux l'objet des plus férieuses délibérations, c'est le choix du genre d'impôt que l'on preferera d'établir. Il est important de confidérer que déjà l'agriculture est confidérablement fatiguée par la taille & par les vingtiemes. Il est important de se rappeller que la taxe sur la terre, qui répond à une taxe sur les matieres premieres, contribue à élever le prix des objets manufacturés, formés de ces matieres premieres, beaucoup plus que si la taxe portoit sur l'objet manufacturé même. Il est important de remarquer que s'il y a poffibilité d'asseoir des taxes d'un produit suffisant sur des objets d'une confommation assez certaine, mais non pas nécessaire à la vie, ces nouveaux impôts feront beaucoup moins sensibles que tous autres pour les classes inférieures. Un précieux avantage des taxes de cette nature est de n'être payés que par ceux qui s'y assujétissent volontairement en usant des objets taxés. Il n'est peut-être pas indifférent de voir ce que les Anglois font chez eux. Depuis long-tems ils ont discuté ces sortes de matieres avec plus de généralité & plus de liberté qu'on ne l'a fait en France ; & comme il s'est déjà écoulé un grand nombre d'années depuis que les divers systèmes de leur législation économique ont été par eux-mêmes mis en pratique, il y a peut-être quelque raison de croire que déjà l'expérience détermine assez bien ce qu'on en doit penser.

Chez eux, la taxe sur la terre ne produit en tout, comme nous l'avons déja observé, que quarante-sept millions. L'appréciation du produit de chaque propriété a été faite il y a environ cent ans. La taxe est de quatre schellings par livre sterling, ou d'un cinquieme de cette appréciation. La

plupart des poffeffions font actuellement d'un produit beaucoup plus confidérable qu'elles n'étoïent au tems de ce recenfement général. Ces améliorations ont fuivi différens rapports
entre elles; mais celui, fuivant lequel l'impôt fe répartit
fur toutes les propriétés territoriales, n'a point varié. Les
économiftes bretons penfent que rien n'eft plus propre à
décourager l'agriculteur, & à le détourner des effais & des
avances qui deviennent néceffaires dès qu'il s'agit d'améliorer
fa terre & fes cultures, que la perfpective de voir le revenu
public lui enlever une partie des fruits de fes foins, de fes
mifes, & de fon intelligence; en conféquence de ce principe,
une terre n'eft impofée aujourd'ui que d'après la valeur
affignée autrefois à fon produit en argent. Le propriétaire
jouit feul & fans partage de fon accroiffement, fuivant qu'il
a fu le bonifier par fon induftrie.

De cette maniere d'affeoir & de répartir l'impôt territorial dans la Grande-Bretagne, il réfulte que les propriétés
ne font nullèment impofées dans la proportion de leurs
produits actuels. Certaine terre, affermée cinquante livres
fterling, ne paie pas plus que certain autre affermée feulement vingt-cinq. Celles même qui étoient incultes & fans
produits lors du recenfement général, font franches de l'impofition, quoique cultivées & productives maintenant. Voilà,
dira-t-on, une inégalité de condition entre les propriétaires.
Oui fans doute; mais nul ne peut fe plaindre d'aucune
léfion relative dans ce défaut actuel de répartition propor-
tionnelle de l'impôt; dans l'origine ce défaut n'exiftoit pas.
La loi n'a pu être accufée d'injuftice quand elle a dit : célui
qui, par la perfection de fon agriculture, faura ajouter

cent livres fterling à fon revenu territorial, ne partagera
point avec le fifc ces cent livres fterling. La loi n'a taxé que
la richeffe qui exiftoit à·fa création ; elle n'a pas voulu que
l'impôt atteignît jamais la richeffe qui pouvoit naître, &
cela pofitivement dans la vue d'encourager le zele & l'activité de l'agriculteur qui feul pouvoit lui donner l'exiftence.

Mais une loi injufte feroit celle qui eût dit : Telle propriété paiera une certaine fraction de fon produit, & telle
autre en fera exempte. Une telle loi n'a jamais été faite en
Angleterre.

Quelque preffans qu'aient été les befoins du gouvernement
britannique, il n'a jamais fongé, dans ces derniers tems, à
aggraver cette partie du poids des impofitions publiques
qui tombe directement fur l'agriculture. Il a toujours cru
qu'il ne pouvoit le faire fans nuire à cette première fource
de la propriété publique. La crainte de fouler la claffe active
& laborieufe du peuple, & de lui enlever une plus grande
partie des falaires de fon travail, a fait auffi que depuis
foixante ans, on n'a point augmenté la taxe fur la drêche
(*The-malt-duty*), ce principe précieux d'une boiffon dont
les journaliers & les travailleurs font en Angleterre, un
ufage fi immenfe. En 1726 (*Voyez Chalmers's Eftimates*,
page 89) ; cette partie du revenu produifoit fept cent cinquante mille livres fterling, de même qu'en 1786.

Le parlement britannique a, dans toutes les circonftances,
mieux aimé recourir à une infinité de taxes fur des produits de l'induftrie & fur des objets de luxe, ou à des
taxes qui peuvent fe rapporter à la nature de celles-là, comme

l'impôt fur les fenêtres, celui fur les domeftiques, celui fur les boutiques, &c. Des trois cent foixante-fept millions qui forment le revenu britannique, il y en a trois cent trois qui font le produit de toutes ces efpeces de taxes. L'impôt fur la terre (*The land-tax*) & celui fur la dreche (*The malt-duty*) ne rendent enfemble que foixante-quatre millions.

Nul doute que par des confidérations de ce genre, & à l'aide de beaucoup d'autres, répandues dans les divers ouvrages déjà publiés fur les matieres relatives aux differentes natures de l'impôt, ou qui feront préfentées par les membres mêmes qui compoferont les états généraux, ceux-ci ne parviennent à déterminer le fyftême d'impofition qui fera le mieux adapté aux facultés du peuple en général, aux regles d'une équitable & impartiale répartition, & enfin aux cir-conftances préfentes. Les particuliers qui, par leurs recherches & leurs réflexions, ont acquis des idées un peu générales, fur un fujet qui touche de fi près la félicité publique, en doivent fans doute la communication à leurs concitoyens; mais il fe rendroient coupables d'une témérité répréhenfible, s'ils prétendoient trancher dans la décifion d'une queftion, à-la-fois fi complexe & fi délicate.

Ce qui pourra mettre plus de difficulté dans le choix de l'impôt, & ce qui le rendra réellement plus onéreux à la nation, quel que foit celui qu'on adopte, c'eft la ftagna-tion & la langueur que l'abaiffement du crédit public produit néceffairement dans la circulation générale. C'eft une vérité malheureufe, mais très-certaine, que plus un accroiffement de taxes eft devenu néceffaire & indifpenfable, moins un peuple eft dans la fituation qui feroit convenable

pour

pour les payer facilement, & plus leur furcharge lui paroît
exceffive. Il eſt donc bien effentiel de faifir les inſtans où
commencent les véritables & réels befoins de l'augmentation
du revenu public. C'eſt évidemment aux époques où il
devient infuffifant par l'accroiffement naturel ou forcé des
dépenſes. Dans le moment que la balance ne fait encore
que trébucher, le crédit public n'a pas encore eu le tems
de s'affoiblir fenfiblement. La circulation exiſte encore dans
toute ſa vigueur. Nul engorgement n'a encore fufpendu
la marche de l'induſtrie parce que dans tous les genres de
ſes produits, la conſommation eſt reſtée vive & ſoutenue.
La nation peut alors porter, ſans même s'en appercevoir,
la legère addition aux charges publiques, qui ſuffit pour
raffurer l'équilibre de la recette & de la dépenſe. Cette
opération peut enſuite ſe répéter dans toutes les circonſtances abſolument néceffaires, ſans que le peuple en éprouve
une fatigue réelle, ou au moins ſenfible; mais c'eſt tout
le contraire lorſque le mal eſt devenu conſidérable. Lorſque
le crédit eſt arrêté, quand les claffes qui conſomment, voyant
leur revenu diminuer, ſe retranchent ſur leurs dépenſes qui
font vivre les claffes qui travaillent, le mal-aiſe & la gêne
deviennent univerſels; loin d'être en état de payer de nouveaux impôts ſans ſouffrir, le peuple au contraire ſent plus
que jamais le poids des anciens, & n'y ſatisfait qu'en ſe
réduiſant abſolument à une chétive conſommation, indiſpenſable pour ſoutenir ſa miſérable exiſtence. Il végete
opprimé & malheureux, juſqu'à ce que les atteliers de
travail dans les campagnes, dans les villes, dans les manufactures & dans le commerce, reprennent leur activité
ordinaire; en un mot, juſqu'à ce que la réſurrection du

R

crédit public ; & le retour de l'aifance des riches aient revi-
fié la circulation générale.

Il eft donc naturel de s'attendre à la difficulté que la nation
aura à fupporter le poids des nouvelles impofitions ; mais la
crife eft inévitable. Ce n'eft que par elle qu'on peut efpérer
de revenir à un état qui foit celui du bien-être public. Le
tems cicatrifera des plaies qu'il eft indifpenfable d'ouvrir
pour atteindre à la fource du mal & pour le guérir. Le
rétabliffement du crédit national, & le mouvement réim-
primé aux principes de la richeffe publique & particuliere,
feront difparoître infenfiblement des calamités qui ne fe font
aggravées que par la lenteur à y apporter des remedes,
auxquels il eût fallu recourir beaucoup plus tôt.

CHAPITRE IX ET DERNIER.

Conclusion.

Il eſt aiſé de tirer de tout ce qui précéde, la concluſion qui a été annoncée dès le commencement de cet eſſai. Rien ne peut mieux caractériſer l'épuiſement des deux nations, que deux dettes immenſes, & deux revenus réellement inſuffiſans aux dépenſes; cet épuiſement ſera d'autant plus ſenſible & plus durable, que par la ſuite il ſera plus difficile dans les deux pays d'augmenter encore le revenu public.

Dans la Grande-Bretagne, la multitude des taxes établies, donne lieu de croire que s'il s'en ajoutoit de nouvelles ſur les objets auxquels les adminiſtrateurs n'ont point encore eu recours, la recette générale de l'échiquier pourroit bien ne pas s'élever conſidérablement. On ſait que lorſqu'une nouvelle taxe s'établit ſur un objet quelconque, cet objet, & ſucceſſivement quantité d'autres, renchériſſent. Si par la éaction dont il a été déja parlé précédemment, toutes les claſſes de citoyens trouvoient, après ſon développement total, un juſte dédommagement de l'augmentation cauſée dans leurs dépenſes par ces hauſſemens de prix, la conſommation générale n'en ſouffriroit pas; mais comme certaines claſſes, dont le revenu eſt fixe & invariable, n'obtiennent plus qu'un moindre nombre d'objets de jouiſſances pour les mêmes ſommes d'argent, leur conſommation particuliere ſe trouve néceſſairement diminuée : il en eſt de même de beaucoup

R ij

d'autres claffes qui travaillent, mais dont les gains n'éprouvent point d'élévation analogue à celle des prix des marchandifes renchéries ; auffi la confommation générale devient moins confidérable. De ce déchet fur le débit d'un grand nombre d'objets, il en réfulte d'auffi réels fur les produits des taxes affifes fur eux ; le revenu public, accru d'un nouvel article, baiffe donc par rapport à d'autres.

Telles font les confidérations très-fondées, fur lefquelles repofe ce principe reçu en économie politique, que les taxes fe nuifent les unes aux autres. Rien n'eft plus certain : quand on ajoutera une nouvelle taxe, le revenu public augmentera d'une certaine fomme, moindre que le produit de la nouvelle taxe, fi les anciennes ne font encore qu'en petit nombre ; il demeurera le même fi elles font déja multipliées à un certain point ; enfin il diminuera réellement fi elles font déja dans un nombre excéffif.

Comme la multitude des taxes eft maintenant très-grande en Angleterre, il peut fort bien être qu'elles approchent de ce point où de nouvelles taxes s'établiroient infructueufement. Raffurés par les accroiffemens hebdomadaires des produits de leurs douanes, que leurs papiers publics ne manquent jamais de leur annoncer, les Anglois croiront peut-être ce terme encore trop éloigné pour avoir rien à craindre à cet égard ; mais de toutes les taxes, ce font celles des douanes dont le produit total eft le moins propre à donner une véritable idée de la fituation intérieure de la nation. Si l'importation feule augmente, l'exportation reftant la même, le produit des douanes croîtra : cependant la balance du commerce deviendra moins avantageufe ; cependant ces befoins

nouveaux de marchandifes étrangeres dénoteront une préfé-
rence qui leur fera donnée fur les marchandifes nationales,
& qui probablement aura pour caufe la cherté de ces dernieres ; cependant enfin cette cherté fera elle-même produite
par celle de la main-d'œuvre, des matieres premieres, des
moyens de fubfiftance, ou enfin par la multitude des impofitions.

S'il arrivoit effectivement ce moment où les Anglois n'auront
plus d'addition de taxes fructueufes à mettre fur les objets
même de confommation, on fent qu'ils ne gagneroient pas
davantage à prendre le parti d'augmenter la taxe fur la terre.
Ce parti feroit probablement au revenu public plus de tort
que tout autre, parce qu'il feroit renchérir encore la denrée
dont la confommation eft la plus générale, ou parce que
retombant à la charge du cultivateur ou du propriétaire,
il nuiroit à l'agriculture ; or celle-ci ne peut décliner fans
danger puifqu'il ne s'exporte déja plus aucun de fes
produits.

Voyons maintenant fi la fituation de la France ne donne
pas lieu à des obfervations fort analogues à celles qui viennent
d'être faites fur l'état de la Grande-Bretagne.

Le poids dont les nouvelles impofitions qu'il eft néceffaire d'affeoir fur la nation françoife, peferont fur elle, fera
certainement affez grand pour ôter aux adminiftrateurs toute
idée de l'augmenter avant la révolution d'un grand nombre
d'années ; cependant, toute proportion gardée, la charge
publique ne fera peut-être pas encore auffi confidérable en

France qu'en Angleterre (1). Au refte elle y deviendra
d'autant plus facile à fupporter que la navigation & le
commerce extérieur, les manufactures & les différentes

---

(1) On voit, page 36 du premier volume de l'Adminiftration des
finances, que la fomme des diverfes contributions levées fur la nation
françoife, fe montoit en 1784 à la fomme de cinq cent quatre-vingt-
cinq millions de livres tournois; le troifieme vingtieme y étoit compris pour vingt-un millions cinq cent mille livres. Il ne fe paie plus;
refte donc cinq cent foixante-trois millions cinq cent mille livres.
Mais comme depuis 1784, certains articles de la recette françoife fe
font bonifiés, nous fuppoferons en France la fomme totale des contributions égale maintenant à . . . . 575,000,000 l.

Si les bonifications qui reftent encore à effectuer
dans les produits des taxes déjà exiftantes, peuvent,
comme on l'a affuré dans le dernier compte du
gouvernement, aller à 20,000,000

Et fi l'on impofe de nouvelles taxes pour. . : 35,000,000

La fomme totale des contributions françoifes fe
mfontera à. . . . . 630,000,000 l.

Voyons maintenant pour la Grande-Bretagne.

Produit net qui entre dans l'échiquier. : : 367,000,000 l.

Frais de recouvremens. . : : : 30,000,000

Taxe en faveur des pauvres. : : : : 50,000,000

Contributions pour les chemins, droits cédés
à des villes, ou à des particuliers. . . . 25,000,000

Somme des contributions britanniques. : . 472,000,000 l.

Divifant fix cent trente millions de livres par vingt-quatre millions

branches de l'induftrie s'étendront à un plus grand nombre
d'objets profitables aux fortunes des individus & à la maffe
des richeffes nationales. Sur toutes chofes, la nation paiera

---

fix cent foixante-feize mille, nombre des habitans de la France;
& quatre cent foixante-douze millions de livres par neuf millions
cinq cent mille, nombre des habitans de la Grande - Bretagne, on trouvera que la contribution moyenne de chaque tête
françoife eft de vingt-cinq livres dix fous fept deniers; & celle
de chaque tête britannique de quarante neuf livres treize fous huit
deniers.

La feconde eft prefque le double de la première; cependant on
peut dire en général que la charge de l'impôt femble être beaucoup
plus pefante en France qu'en Angleterre. A quoi tient ce phéno-
mene étonnant? En France, comme dans la Grande-Bretagne, la
nation eft active & induftrieufe; le pays eft fertile & riche. Oui;
mais en France des guerres malheureufes ont plufieurs fois ruiné
la navigation & fufpendu les opérations du commerce; mais la
fecouffe convulfive de 1721 y a dérangé dans le tems toutes les fortunes, bouleverfé une multitude de fpéculations & d'entreprifes
utiles, en un mot, reculé la nation de trente années dans les progrès de fa richeffe & de fon induftrie; mais la gêne des paiemens
de l'état & les vacillations répétées du crédit public ont fouvent
produit des ftagnations léthiferes dans les claffes actives du commerce,
des manufactures & des arts; mais un fyftême vicieux d'impofitions
a tenu l'agriculteur dans l'oppreffion & dans la pauvreté; mais toutes
les fois qu'il s'eft agi de la répartion de l'impôt, le crédit & la
faveur ont fouvent dénaturé les proportions prefcrites par la loi, &
le riche ayant toujours payé le moins qu'il a pu, le fardeau qu'il
a fu écarter de lui, eft retombé à la charge de l'homme du peuple;
mais la légiflation elle-même a confacré l'abus, en maintenant une

les taxes d'autant plus aifément que l'agriculteur fera plus encouragé , qu'on améliorera les cultures, & qu'on étendra les défrichemens. Toutes ces caufes feconderont les progrès de la population ; & par un effet réactif, celle-ci croiffant , la fomme totale & poffible du travail de la nation , ou fa richeffe réelle, croîtra dans le même rapport.

C'eft pofitivement parce que les François font encore, toutes proportions confidérées , moins avancés que les Anglois pour ce qui regarde le commerce & l'induftrie, qu'il leur refte plus de progrès à faire parmi ceux d'un ordre encore facile à faifir. Il arrive peut-être , en fait d'arts & de commerce , ce qui arrive dans les hautes mathématiques. Dans cette fcience fublime, plus les connoiffances s'élevent, ou plus les méthodes analytiques deviennent générales & favantes, plus auffi le chemin devient ardu & difficile pour ceux qui ont le courage de tenter la recherche de

---

claffe immenfe de privilégiés , & en créant des milliers d'offices qui en accroiffent continuellement le nombre; mais la nobleffe qui ne fert point , eft vouée par le préjugé à une orgueilleufe & ftérile oifiveté ; au moins celle qui eft riche, confomme beaucoup , & par-là aiguillonne l'activité & le talent ; mais pour celle qui eft pauvre, elle végete dans une obfcure inertie qui déprave l'individu & appauvrit la république ; mais deux cent mille hommes, choifis entre les plus forts, les plus jeunes & les plus robuftes ; l'élite de la nation, toujours fous les armes, enlevés à l'agriculture & aux profeffions méchaniques , diminuent d'autant la maffe totale du travail qui s'effectue, & qui néanmoins conftitue proprement la vraie richeffe nationale, prépare la profpérité de l'état, & peut feule mettre à l'aife un peuple au milieu même des demandes les plus multipliées du tréfor public.

nouvelles

nouvelles théories. Seroit-il déraisonnable de penser que les progrès de l'industrie deviennent aussi d'autant plus difficiles qu'elle s'est étendue précédemment à un plus grand nombre d'objets, qu'elle a plus perfectionné ses procédés & multiplié la nature & les formes de ses produits?

Mais si l'on presse que de long-tems il sera difficile d'augmenter les impositions en France au-delà de celles qui seront arrêtées incessamment dans les états généraux, on voit aussi très-sûrement que de long-tems il ne s'en présentera de nécessité. Cent sept millions de rentes viageres produiront, en s'éteignant graduellement, un accroissement continuel de revenu libre & disponible, le seul qui constitue la richesse de l'état. Cet accroissement même sera tellement supérieur aux besoins, que loin d'être par la suite dans le cas d'asseoir de nouveaux impôts, le roi sera probablement assez riche pour choisir les plus onéreux de ceux qui chargeront son peuple & pour les supprimer.

Si l'on consulte donc les probabilités apparentes, il semble que l'épuisement de la France doit-être moins long à guérir que celui de l'Angleterre. Celui qui existe dans les finances britanniques dépend d'une cause qui s'affoiblira peu, puisque la somme des intérêts de la dette nationale, ne doit baisser naturellement que de trente millions.

Mais quelles que soient les espérances que les deux nations peuvent raisonnablement former, par rapport à la liquidation de leurs dettes, à la diminution de leurs charges, & au retour de l'aisance dans leurs opérations de finances, il est certain que toutes deux ne doivent rien appréhender autant que le renouvellement d'une guerre qui acheveroit de les

S

ruiner. S'il eft vrai que le gouvernement britannique n'a affuré l'ordre de fes paiemens & foutenu fon crédit qu'en multipliant les contributions publiques à un point exceffif ; s'il eft évident que le gouvernement françois ne diffipera les craintes de fes créaciers & ne rappellera la confiance qu'en ufant abfolument du même moyen , quelle reffources refteroit-il donc à l'un & à l'autre , à la fin d'une nouvelle guerre, quand chacun d'eux verroit fa dette augmentée de quinze à dix-huit cent millions , & fon revenu difponible diminué de quatre-vingts à cent millions par l'accroiffement de la fomme annuelle des intérêts à payer ?

F I N.

TABLE
DES CHAPITRES

Contenus dans ce Volume.

Fin de la Table des Chapitres.

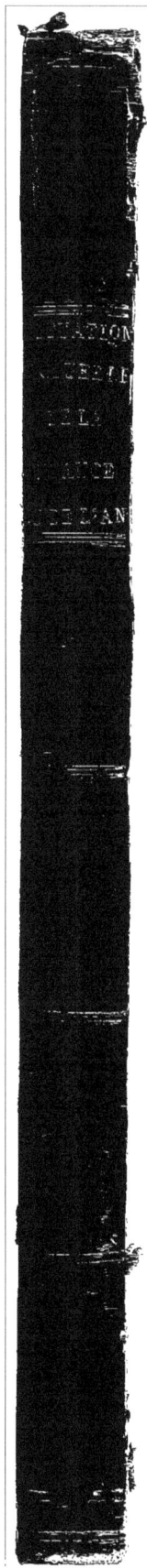

www.ingramcontent.com/pod-product-compliance
Lightning Source LLC
Chambersburg PA
CBHW071914200326
41519CB00016B/4610